Spiel dich schlau mit kahoot!

Lust auf eine Quiz-Runde? Hinten im Buch findest du drei QR-Codes, die dich direkt zu drei verschiedenen Quizzen führen. Du kannst sie allein oder als Challenge mit deinen Freunden spielen.
Mit dem Handy oder Tablet Code scannen, Nickname eingeben und losspielen.

- **Im Training** Wenn du das Buch gelesen hast, sollte dir das erste Quiz nicht schwer fallen.
- **Profi-Runde** Du meinst, du kennst dich schon richtig gut aus im Thema? Dann probier doch das zweite Quiz!
- **Pics Challenge** Du willst dein Wissen in Bildern testen? Dann ist das dritte Quiz das richtige für dich.

Dabei gibt es verschiedene Fragetypen: Von Wahr-Falsch-, Schätz-, Eingabe- und Multiple-Choice-Fragen ist alles dabei.

Was verwendeten die ersten Linienrichter, um Zeichen zu geben?

- Ihre Arme
- Fahnen
- Taschentücher

**Für jede richtige Antwort gibt es Punkte.
Wer am Ende die meisten gesammelt hat, gewinnt.**

MEMO WISSEN

FUSSBALL

FIFA-Club-
Weltmeister-
schaft-Pokal

Ehemaliges
FIFA-Logo

Fußballschuh (ca. 1950)

Schokoladen-
form in Form
eines Fußballers

Bronzestatue des
Adler-Maskottchens
von Benfica Lissabon

Leah
Williamson

MEMO WISSEN

FUSSBALL

von Hugh Hornby

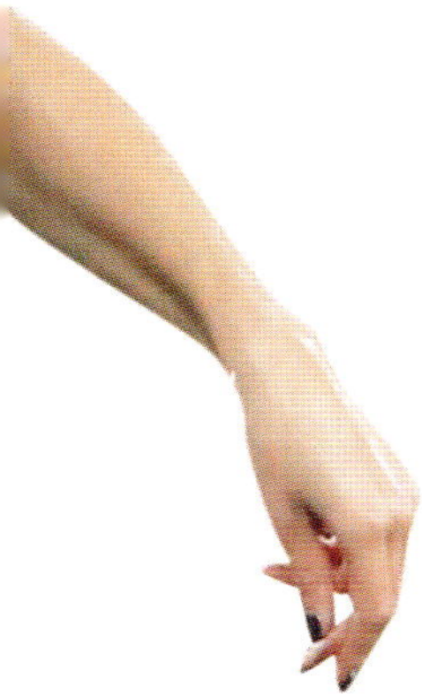

Moderner Fußball

Handfächer mit
einer Fußballszene

DK

Offizielle Zugangsmarken

Spielformation

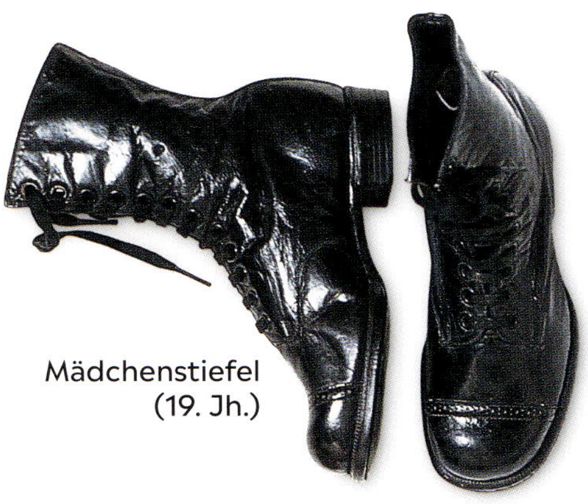
Mädchenstiefel (19. Jh.)

Rollstuhl-Fußball

Figur einer Fußballspielerin (frühes 19. Jh.)

Offizielles FIFA-Emblem

Kinderrassel (frühes 20. Jh.)

Kinderrassel (1930er-Jahre)

DK | Penguin Random House

Lektorat Louise Pritchard, Annabel Blackledge, Upamanyu Das, Kingshuk Ghoshal, Carron Brown, Francesca Baines, Andrew Macintyre, Liz Wheeler, Jonathan Metcalf
Gestaltung und Bildredaktion Jill Plank, Yolanda Belton, Sue Grabham, Julia Harris, Amanda Russell, Andrew O'Brien, Georgia Bryer, Vikas Chauhan, Heena Sharma, Sumedha Chopra, Govind Mittal, Ashok Kumar, Pawan Kumar, Deepak Mittal, Chrissy Checketts, Philip Letsu, Karen Self
Umschlaggestaltung Juhi Sheth, Priyanka Sharma Saddi, Surabhi Wadhwa-Gandhi, Sophia MTT
Herstellung Gillian Reid, Poppy David

Fachliche Beratung Dr. Peter Holme, Dr. Alexander Jackson (The National Football Museum), Tracey Bourne

Für die deutsche Ausgabe:
Redaktionsleitung Martina Glöde
Herstellungskoordination Bianca Isack
Herstellung Stefanie Staat

Titel der englischen Originalausgabe:
Eyewitness Football

Umfassend aktualisierte Neuausgabe © 2024

Übersetzung Clemens Hoffmann
Producing booklab GmbH, München

ISBN 978-3-8310-4906-6
5902-335448-23254-04

Druck und Bindung Golden Prosperity Printing & Packaging (Heyuan) Co., Ltd.

MIX
Papier | Fördert gute Waldnutzung
FSC www.fsc.org FSC® C018179

www.dk-verlag.de

www.kahoot.com

Inhalt

Modell eines Fußballplatzes

Ein globales **Spiel**

Das Spiel hat seine Wurzeln im alten China, Europa und Amerika. Man kickte einen Ball, um für einen Krieg zu trainieren, um seine Götter zu ehren oder schlicht um sich zu unterhalten. In Europa waren Ballspiele Mutproben, in China waren sie Rituale der Anmut und Geschicklichkeit. Die Regeln des Spiels wurden 1863 festgelegt.

Ashbourne-Ball

Im englischen Ashbourne findet am Faschingsdienstag das *Shrove-Tuesday*-Fußballspiel statt. Die Teams „Aufwärts“ und „Abwärts“ versuchen, den Ball durch das „Tor“ des Gegners zu befördern – ein Tor am Ende der Stadt.

Fußballtraining

Die Chinesen spielten bereits im 3. Jh. v. Chr. eine Art Fußball. In einem Militärbuch aus dieser Zeit ist von „tsu chu“ die Rede, was so viel bedeutet wie „einen Ball schießen“. Das Spiel gehörte möglicherweise einst zur Ausbildung der Soldaten.

足球

Chinesische Schriftzeichen für „Fußball“

Harrow-Ball

Englische Privatschulen, darunter Harrow und Eton, spielten Anfang des 19. Jh. eine entscheidende Rolle bei der Entwicklung des modernen Fußballs. Jede Schule erstellte eigene detaillierte schriftliche Regeln, die die Grundlage für das erste offizielle Regelwerk bildeten.

Das Gentleman-Spiel

Das Spiel „Calcio“ wurde im 16. und 17. Jahrhundert in italienischen Städten gespielt. An Festtagen versuchten zwei Mannschaften, den Ball durch Tore an beiden Enden eines Platzes zu spielen. Zur Taktik der Mannschaften gehörten verschiedene Formationen und das Schaffen von Raum zum Vorrücken.

Das Tragen des Balls war Teil des Calcio-Spiels.

Die Anwohner sahen sich die Spiele an.

Aus Lederstreifen gefertigter Ball

Die Spieler trugen prachtvolle Kostüme aus Seide und Goldbrokat.

Beim Kemari geht es um viel Geschicklichkeit.

Straßenspiele

Diese Karikatur aus dem frühen 19. Jh. trägt den Untertitel „Müllmänner, Kohlenmänner, Edelmänner und Stadtschreiber in einem mörderischen, wenn auch demokratischen Spiel". Sie zeigt den zu dieser Zeit bei Straßenspielen in England üblichen brachialen „Jeder gegen jeden"-Stil.

Altes Ritual

Das japanische *Kemari* entwickelte sich wohl im 7. Jh. aus einem alten chinesischen Fußballspiel. Im Gegensatz zu den chaotischen frühen Fußballraufereien in Europa bestand es aus vielen Ritualen und wurde im Rahmen einer Zeremonie ausgeübt. Das Spiel wird heute noch gespielt. Ziel ist es, den Ball in einem kleinen Feld in der Luft zu halten.

Diskurs über Calcio (16. Jh.)

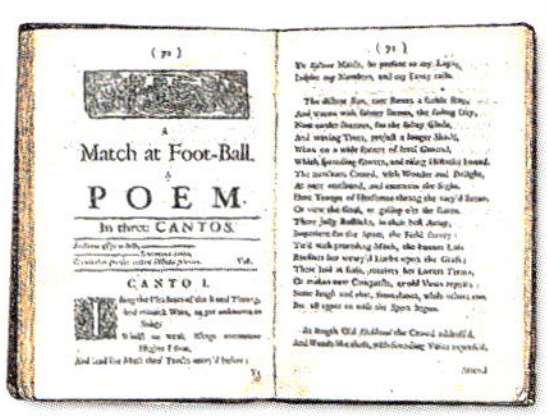

Gedichtsammlung (England, 18. Jh.)

Das Buch ist reich an Farbdrucken.

Das englische Kinderbuch *The School Across the Road*

Fußballbücher

Über Fußball werden schon so lange Bücher geschrieben, wie es das Spiel gibt. Das erste Buch war der *Diskurs über Calcio* des Italieners Giovanni da Bardi aus dem Jahr 1580. Als der Fußball Anfang des 20. Jh. populär wurde, wurden viele Kinderbücher veröffentlicht, darunter *The School Across the Road* (Die Schule auf der anderen Straßenseite) von Desmond Coke.

Moderner **Fußball**

Das moderne Spiel entstand im 19. Jh. in England und Schottland. Ehemalige Schüler englischer Privatschulen erstellten das erste gemeinsame Regelwerk und gründeten 1863 den Verband, die Football Association (FA). Britische Kaufleute und Ingenieure machten das Spiel schließlich auch in anderen Ländern populär.

Werbetour

Zu Beginn des 20. Jh. reisten britische Mannschaften um die Welt und machten den Fußball bekannt. Dieses Schild wurde 1937 den Islington Corinthians in Japan überreicht.

Frühe Stars

Die ersten Spieler waren Amateure. C. B. Fry, der in den 1890er-Jahren spielte, war einer der ersten berühmten Spieler. Er hielt auch den Weltrekord im Weitsprung.

Kappe von Arnold Kirke Smith

Kinnaird spielte in neun der ersten zwölf FA-Cup-Endspiele.

Moderne Regeln

Lord Kinnaird war von 1890 bis 1923 Präsident der Football Association und einer der Amateure, die die Regeln des modernen Fußballs prägten.

Das englische Wappen kam erstmals 1872 zum Einsatz.

Ein Trikot aus dicht gestrickter Wolle

Arnold Kirke Smiths England-Trikot

RÜCKBLICK

Arthur Wharton

Nachdem er 1883 aus Ghana nach England gekommen war, spielte Arthur Wharton bei verschiedenen Vereinen, darunter Preston North End. 1889 unterschrieb er einen Vertrag bei Rotherham Town FC und war damit der erste schwarze Fußballprofi.

Das erste Länderspiel

Im November 1872 bestritt Schottland auf einem Kricketfeld in Glasgow das allererste Länderspiel gegen England. Etwa 2000 Zuschauer sahen ein 0:0-Unentschieden. Dieses Hemd und diese Mütze wurden von Arnold Kirke Smith getragen, einem Spieler der englischen Mannschaft.

Von Afrika aus

Der Fußball eroberte Afrika. Südafrika mit seinen europäischen Bevölkerungsgruppen schickte 1906 eine Reisegruppe nach Südamerika. Ägypten trat 1923 als erstes afrikanisches Land der FIFA bei, Südafrika richtete 2010 eine Fußballweltmeisterschaft aus.

Talentierte Teams

Die englische Liga mit zwölf Mannschaften wurde 1888 gegründet. Dieses Gemälde von Thomas Hemy aus dem Jahr 1893 zeigt ein Spiel zwischen Aston Villa und Sunderland.

Titelbild *„Les Plaisirs du Dimanche“* („Sonntägliche Freuden“)

Ungehobeltes Spiel

Die erste französische Fußballliga wurde 1894 gegründet und von Mannschaften schottischer Emigranten wie den White Rovers und Standard AC dominiert. Französische Satiriker thematisierten schon früh die rauen Sitten des Spiels. Diese französische Zeitschrift, *Le Monde Comique*, spiegelt diese Einstellung zum Spiel wider.

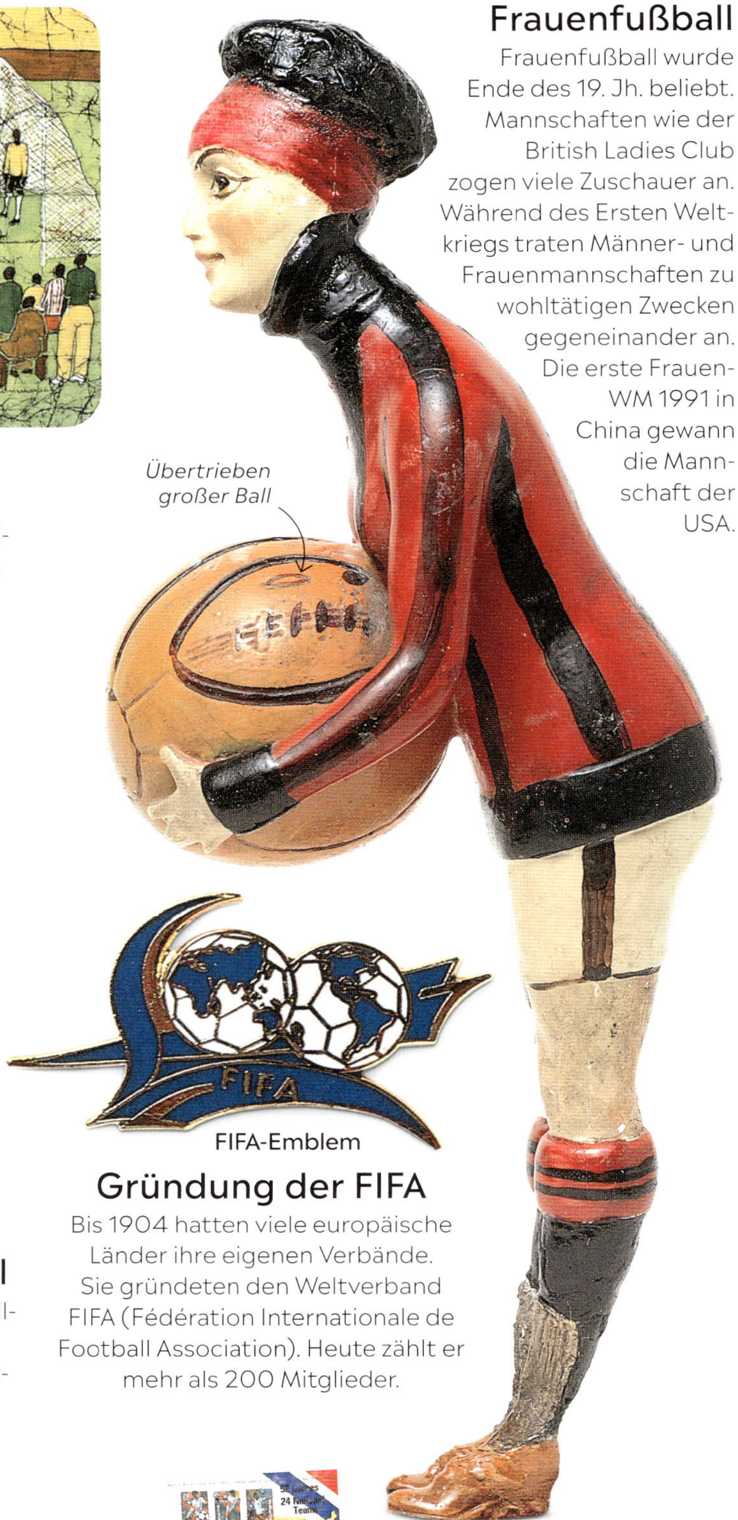

Übertrieben großer Ball

Frauenfußball

Frauenfußball wurde Ende des 19. Jh. beliebt. Mannschaften wie der British Ladies Club zogen viele Zuschauer an. Während des Ersten Weltkriegs traten Männer- und Frauenmannschaften zu wohltätigen Zwecken gegeneinander an. Die erste Frauen-WM 1991 in China gewann die Mannschaft der USA.

FIFA-Emblem

Gründung der FIFA

Bis 1904 hatten viele europäische Länder ihre eigenen Verbände. Sie gründeten den Weltverband FIFA (Fédération Internationale de Football Association). Heute zählt er mehr als 200 Mitglieder.

US-Briefmarken zur Weltmeisterschaft 1994

Soccer

Fußball ist als Jugendsport in den USA sehr beliebt. Die WM 1994 in den USA gab der Major League Soccer Auftrieb und machte den Profifußball einem neuen Publikum zugänglich.

Regeln des **Spiels**

Der Erfolg des Fußballs ist zum Teil auf seine einfachen Regeln zurückzuführen. Sie haben sich im Lauf der Zeit kaum verändert. Mit der Vorteilsregel kann der Schiedsrichter Spielunterbrechungen vermeiden, wenn z. B. nach einem Foul die benachteiligte Mannschaft weiterhin den Ball besitzt. Bei der Abseitsregel entscheiden die Schiedsrichterassistenten, ob ein Angreifer bei der Ballabgabe vor dem vorletzten Verteidiger steht.

Einwurf

Dieser Einwurf ist falsch. Der Ball wird zwar korrekt gehalten, aber die Füße übertreten die Linie.

Vor der Einführung der Querlatte wurde zwischen den Torpfosten ein Seil gespannt.

Abstöße müssen innerhalb des 5-m-Raums ausgeführt werden.

Der Elfmeterpunkt befindet sich 11 m vor der Torlinie.

Strafstoß

Strafstöße wurden 1891 eingeführt, um Fouls oder Handspiel innerhalb des Strafraums zu bestrafen. Geschossen wird vom Elfmeterpunkt. Trifft der Ball den Pfosten oder die Latte, kann der Elfmeterschütze ihn erst wieder spielen, wenn ein anderer Spieler ihn berührt hat.

Freistoß

Beim indirekten Freistoß, der nach einem Regelverstoß verhängt wird, muss der Ball von zwei Spielern berührt werden, bevor ein Tor erzielt wird. Direkte Freistöße werden nach Fouls verhängt. Der ausführende Spieler kann direkt ein Tor erzielen.

Eckstoß

Ein Eckstoß wird ausgeführt, wenn die verteidigende Mannschaft den Ball über die eigene Torlinie geschossen hat. Eckstöße ergeben häufig Torchancen. Der Ball wird in einem Viertelkreis mit einem Radius von 1 m in der Ecke des Spielfelds platziert.

Absichtliches Foulspiel

Im modernen Fußball gibt es viele absichtliche Fouls. Die Spieler begehen heute oft taktische Fouls, um einen Angriff oder eine Torchance zu verhindern. Manche Spieler machen eine „Schwalbe“ – sie täuschen ein Foul vor (siehe unten), um einen Freistoß zu bekommen.

Um maximal weit zu kommen, wirft man den Ball in einem Winkel von 30 Grad.

Regelwerk

Es gibt 17 Hauptregeln im Fußball. Das Spielfeld muss rechteckig und 100,5–110 m lang sowie 64–73 m breit sein. Auf jeder Seite sollten elf Spieler stehen. Die Spieldauer beträgt 90 Minuten, mit zwei Hälften zu je 45 Minuten.

Beim Strafstoß darf nur der Schütze innerhalb des Teilkreises stehen.

Die Spieler dürfen nicht über die Mittellinie, bevor der Ball angestoßen wurde.

Spieler der verteidigenden Mannschaft dürfen den Kreis beim Anstoß nicht betreten.

Linienrichter laufen jeweils auf einer gegenüberliegenden Spielfeldhälfte auf und ab, um Einwurf, Foul und Abseits (wenn ein Spieler näher an der gegnerischen Torlinie steht als der Ball und der vorletzte Verteidiger) anzuzeigen.

In der eigenen Hälfte kann man nicht im Abseits stehen.

Die 1891 von der englischen Firma Brodies patentierten Tornetze wurden eingesetzt, um Streitigkeiten zu vermeiden, ob ein Ball im Tor gelandet war oder nicht.

Irregulär!

Im FA-Cup-Finale 1958 zwischen Manchester United und den Bolton Wanderers erzielte Boltons Nat Lofthouse ein umstrittenes Tor. Er schob Uniteds Torwart Harry Gregg über die Linie, als dieser den Ball fing. Schiedsrichter bewerten dies heute als Foul.

Begrenzungslinien

Mitte des 19. Jh., bevor das Spielfeld mit Linien markiert wurde, entschied man mithilfe von Fahnen, ob der Ball aus dem Spiel war. Heute muss eine Eckfahne zum Schutz der Spieler mindestens 1,5 m hoch sein.

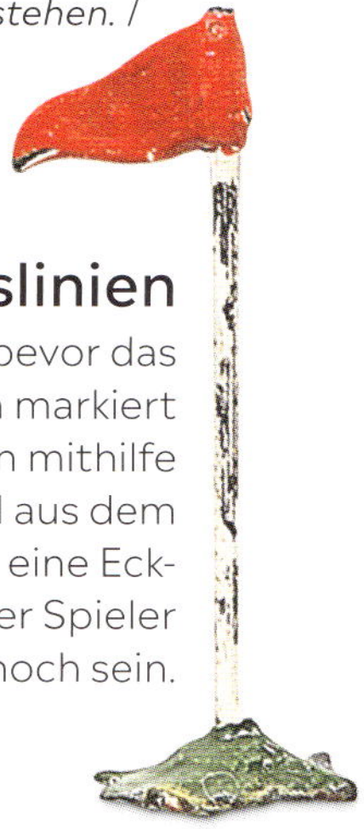

Spielerwechsel

Der Schiedsrichterassistent kontrolliert die Spielerwechsel und überprüft die Stollen der Spieler. In den höheren Spielklassen zeigt ein vierter Offizieller auf einer Leuchttafel die Rückennummern des Auswechselspielers und des auszuwechselnden Spielers an.

Schiedsrichter

In den Anfangsjahren des Amateurfußballs hatte jede Mannschaft ihren eigenen Schiedsrichter. Die Spieler mussten den Arm heben und ein Foul anzeigen, andernfalls wurde das Spiel fortgesetzt. Ab den 1880er-Jahren wurde es für die Schiedsrichter zunehmend schwieriger, neutral zu sein. Ein Unparteiischer wurde eingeführt, um zu schlichten. 1891 wurde der Schiedsrichter auf das Spielfeld verlegt, seine Assistenten wurden zu Linienrichtern.

Ein weißer Kragen auf schwarzem Trikot

Wappen des Verbandes des Schiedsrichters

Die Schiedsrichter müssen stets korrekt gekleidet sein und das Hemd in die Hose stecken.

Schiedsrichter tragen gewöhnlich schwarze Hosen.

Klassisches Schwarz

Eine klassische Schiedsrichteruniform, ganz in Schwarz mit weißen Manschetten und Kragen. Sie stammt aus den 1970er-Jahren und ähnelt all jenen, die zwischen der Abschaffung des Blazers in den 1940er-Jahren und der Einführung anderer Farben in den 1990er-Jahren getragen wurden. Die schweren Jacken aus dem frühen 20. Jh. wurden durch weniger enge Hemden ersetzt. Heute tragen Schiedsrichter entweder Schwarz oder hellere Farben, um auf dem Spielfeld besser gesehen zu werden.

Block zum Notieren von Verwarnungen, Toren, Platzverweisen und Auswechslungen

Die gelbe Karte wird als Verwarnung gezeigt.

Grobe Fouls werden mit roter Karte und Platzverweis geahndet.

Trillerpfeife (ca. 1940)

Die beiden Seiten einer FIFA-Münze

Schiedsrichterwerkzeug

Rote und gelbe Karten kamen erstmals bei der Fußballweltmeisterschaft 1970 zum Einsatz. Die Trillerpfeife soll 1878 zum ersten Mal zur Spielkontrolle verwendet worden sein. Der Schiedsrichter trägt einen Notizblock und einen Stift bei sich. Vor Spielbeginn wirft er eine Münze, um zu entscheiden, wer Anstoß bzw. Seitenwahl hat.

Verwarnungen

Verwarnungen gab es früher nur ein- oder zweimal pro Spiel. Platzverweise gab es selten. Inzwischen verlangt die FIFA allerdings eine strengere Handhabe, sodass Mannschaften mit zehn oder sogar weniger Spielern spielen müssen.

Schiedsrichter müssen fit sein, um mit dem Spielgeschehen Schritt halten zu können.

Offizielle FIFA-Abzeichen zum Aufnähen auf das Trikot

Hilfe von den Seitenlinien

Die ersten Linienrichter gaben dem Schiedsrichter mit einem Taschentuch Signale. Heute verwenden sie eine Fahne, wenn der Ball aus dem Spiel ist, wenn Abseits vorliegt oder ein Regelverstoß zu ahnden ist.

Video-Assistent (VAR)

2018 wurde der VAR (Video Assistant Referee) von der FIFA eingeführt, um die Schiedsrichter auf dem Spielfeld zu unterstützen. Ein VAR überwacht das Spiel, kontaktiert den Schiedsrichter aber nur, wenn dieser klare Fehlentscheidungen getroffen hat, z. B. bei Toren, Elfmetern, Abseits und roten Karten.

RÜCKBLICK

Pierluigi Collina

Pierluigi Collina (geb. 1960) gilt als der beste Schiedsrichter der Fußballgeschichte und war für seine sachliche Art bekannt. Zwischen 1998 und 2003 wurde er von der FIFA sechsmal zum Schiedsrichter des Jahres gewählt. In seiner Karriere leitete Collina Spiele der italienischen Serie A, der Weltmeisterschaft der Männer sowie Champions-League- und UEFA-Pokal-Endspiele.

Gefälle und Schatten

Die meisten Spitzenvereine verwenden Lampen, die das gleichmäßige Wachstum des Rasens fördern und das Spielfeld auch in schattigen Bereichen in einem Topzustand halten. Moderne Plätze, wie der von Brighton & Hove Albion (hier im Bild), sind leicht gewölbt, wodurch das Wasser besser abfließen kann.

Der Platz

Bei den meisten Fußballvereinen ist das Spielfeld eben und grün. Die Platzwarte der Vereine und Nationalstadien halten die Spielfelder mit neuen Rasensorten und guter Entwässerung in bestem Zustand. Früher wurden die Spielfelder bei schlechtem Wetter oft matschig oder eisig. Dies wird durch eine Rasenheizung und einen effizienten Wasserabfluss vermieden.

Fußball im Schnee

Bei Schnee können Ball und Spielfeldlinien schwer zu erkennen sein und der Boden ist rutschig. Wenn die Linien frei geräumt sind und das Spielfeld nicht mehr gefroren ist, kann das Spiel fortgesetzt werden. Bei Schnee kommt zumeist ein Ball mit einer leuchtenden Farbe zum Einsatz.

Jean-Pierre Papin spielt für den AC Mailand auf einem schneebedeckten Platz.

Frostschutz

In kälteren Ländern wurden diverse Methoden ausprobiert, um das Einfrieren der Plätze zu verhindern. Eine Rasenheizung wurde erstmals 1958 in Everton (England) installiert. Früher legte das Platzpersonal Stroh als Isolierung aus und entzündete Feuerschalen, um die Lufttemperatur zu erhöhen.

Platzwarte bei der Vorbereitung auf ein Spiel der Saison 1953 in England

EINBLICK

Katie Croft

Katie war eine der ersten weiblichen Platzwarte bei einem Club der englischen Premier League. Mit gerade mal 19 Jahren war sie 2015 für die Pflege der Plätze und Spielflächen von Manchester City, einschließlich des Akademiekomplexes, verantwortlich.

Beim Mähen des Rasens neigt sich das Gras in verschiedene Richtungen, wodurch die Streifen entstehen.

Rasenpflege

Die moderne Rasenpflege ist ein Vollzeitjob. Im Sommer wird der Rasen regelmäßig gemäht, gewässert und gedüngt. In der Saisonpause werden Löcher ausgebessert. Hybridrasen werden einmal im Jahr erneuert, wobei altes Gras zwischen den Kunstfasern entfernt und neues Gras eingesät wird.

Besser als das Original?

Kunstrasenplätze bestehen aus Synthetikfasern, die auf einer stoßdämpfenden Unterlage verlegt werden. Sie sind widerstandsfähiger gegen Regen oder Eis als Naturrasen. Allerdings erhöhen sie das Verletzungsrisiko. Die meisten Top-Clubs bevorzugen heute Hybridplätze, bei denen Kunstfasern mit echtem Rasen zu einer gleichmäßigen Spielfläche verwoben werden.

NÄSSEGEFAHR

Regenwasser ist die größte Gefahr für den Zustand des Platzes. Die eingebaute Entwässerungsanlage spielt da eine große Rolle. Rohre sowie Materialien wie Kies und Sand werden unter dem Rasen verlegt. Dem Oberboden wird viel Sand beigemischt, damit er sich weniger mit Wasser vollsaugt. Auch ein gut gepflegter Platz kann sich vollsaugen.

Spielfeld im Querschnitt

Spieltechnik

Jeder Spieler auf dem Platz hat bestimmte Aufgaben. Verteidiger nehmen dem Gegner den Ball ab, Mittelfeldspieler spielen ihren Mitspielern den Ball genau zu, und Stürmer erzielen Tore. Profispieler beherrschen und perfektionieren eine Reihe von Techniken und Fertigkeiten.

Ein Button aus dem frühen 20. Jh. zeigt einen Mann, der einen Ball köpft.

Spieler müssen ihren Sprung so timen, dass sie den Ball voll treffen.

Kopfball

Kopfbälle werden defensiv oder offensiv eingesetzt. Verteidiger versuchen, den Ball aus dem Torraum zu köpfen. Angreifer brauchen Kraft und Präzision, um ein Tor zu erzielen. Kylie Ledbrook vom FC Sydney (links) springt in die Luft, um sich gegen Aivi Luik von Brisbane Roar (rechts) durchzusetzen und den Ball einzuköpfen. Jüngste Studien zeigen, dass übermäßiges Kopfballspiel das Gehirn schädigen und zu Krankheiten wie Demenz führen kann.

Tackling

Mit einem Tackling versuchen Spieler, einem anderen Spieler den Ball abzunehmen. Der französische Spieler N'golo Kante, hier für Chelsea (in dunkelblau) im Einsatz, ist momentan einer der besten Tackler. Antizipation und Timing sind entscheidend, um ein Foul zu vermeiden. Schiedsrichter ahnden Angriffe von hinten oder wenn der Gegenspieler statt der Ball getroffen wird.

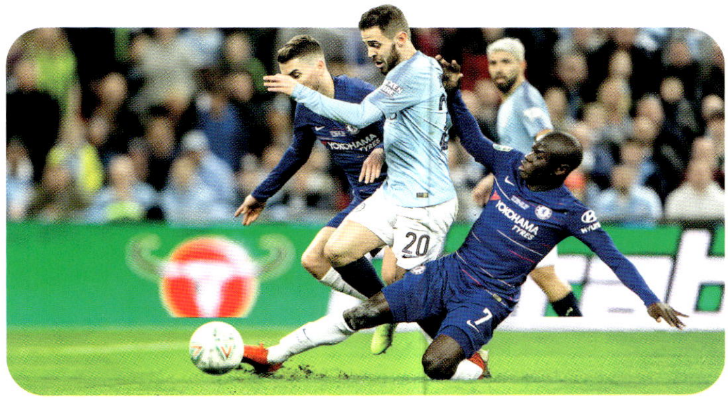

Passspiel

Schnelles Passspiel überfordert jede Abwehr. Präzises Passspiel ist das Markenzeichen aller erfolgreichen Mannschaften. Beidfüßigkeit gibt dem Spieler mehr Möglichkeiten. Der ehemalige Barcelona-Spieler Xavi (rechts) konnte den Ball in den Raum passen, auch wenn er eng gedeckt war.

Jeder Teil des Fußes wird eingesetzt, um den Ball in die gewünschte Richtung zu bewegen.

Exakte Ballkontrolle gibt den Spielern Zeit, gute Entscheidungen zu treffen, und ist wichtig, um den Ball vom Gegner fernzuhalten.

Ballkontrolle

Die Top-Spieler bringen den Ball immer unter Kontrolle. Bei hohen Pässen behalten sie den Ball im Auge und stoppen den Ball mit Brust, Kopf, Oberschenkel oder, wie hier João Cancelo, mit der Fußspitze.

Flügelspiel

Mit Flanken oder Pässen von den Flügeln kann man gute Torchancen herausspielen. Spieler, die den Ball mit Wucht und Präzision flanken können, sind sehr wertvoll. Trent Alexander-Arnold, englischer Außenverteidiger von Liverpool, ist einer der besten Flankengeber der Welt.

Torschuss

Beim Schießen brauchen die Spieler sowohl die Genauigkeit, um in eine Ecke des Tors zu treffen, als auch die Kraft, um den Torwart zu überwinden. Edinson Cavani (in blau) aus Uruguay ist einer der zuverlässigsten Torjäger im Weltfußball.

Dribbeln

Läuft ein Spieler mit dem Ball am Fuß, nennt man das Dribbeln. Der Brasilianer Ronaldinho (rechts), der das Kicken in den Straßen von Porto Alegre lernte, dribbelt den Ball um seine Gegner herum. Dank guter Körperbeherrschung kann ein Dribbler schnell die Richtung wechseln und Tacklings ausweichen.

Fallrückzieher

Der Fallrückzieher wurde erstmals in den 1930er-Jahren vom brasilianischen Stürmer Leônidas vorgeführt. Der Spieler springt dabei mit dem Rücken zum Tor in die Luft und schießt, während er sich nach hinten fallen lässt. Mit dieser Technik lässt sich der Torwart gut überrumpeln. Oben ist der ehemalige Spieler von Manchester United, Wayne Rooney, zu sehen, wie er gegen Manchester City ein Tor per Fallrückzieher erzielt.

Torhüter

Als letzter Mann weiß ein Torwart, dass ein einziger Fehler seine Mannschaft den Sieg kosten kann. Das Torwartspiel erfordert unterschiedliche Fähigkeiten. Torhüter müssen genauso hart trainieren wie andere Spieler, der Lohn dafür kann jedoch eine viel längere Karriere sein. Bei Torhütern kann es allerdings auch vorkommen, dass sie den Ball über einen großen Zeitraum überhaupt nicht berühren.

RÜCKBLICK

René Higuita
René Higuita hütete von 1987 bis 1999 das Tor der kolumbianischen Nationalelf. 1995 erfand er den „Skorpionkick", bei dem er beide Beine hinter sich anhob, um einen Schuss mit den Fersen abzuwehren. Sein Stil brachte ihm den Spitznamen „El Loco" (der Verrückte) ein.

Spielkleidung

Bis 1909 waren die Torhüter nur an ihrer Kappe zu erkennen, was es dem Schiedsrichter erschwerte, auszumachen, wer im Strafraum den Ball in der Hand hatte. Von 1909 bis Anfang der 1990er-Jahre trugen Torhüter einfarbige Trikots, die sich von denen der übrigen Mannschaft unterschieden. Eine Regel, die kurze Ärmel verbot, wurde inzwischen gelockert.

Abwurf

Dieser gemalte Anstecker zeigt einen Torwart, der den Ball schnell auswirft. Dies kann eine effektive Art sein, einen Angriff einzuleiten.

Irisches Trikot
Dieses gelbe Trikot wurde von Alan Kelly für die Republik Irland getragen. Er kam zwischen 1957 und 1973 auf 47 Einsätze.

Das Kleeblatt ist ein irisches Nationalsymbol.

Abstoß

Wenn der Ball von einem Angreifer über die Torauslinie gespielt wird, gibt es Abstoß. Der Torhüter oder ein Feldspieler der gegnerischen Mannschaft führt den Abstoß innerhalb des Torraums aus.

Trikotfarben
Muster auf Trikots beschränken sich traditionell auf Streifen und Ringe. Seit die Regeln für die Torhüterkleidung jedoch gelockert wurden, scheint jede Farbkombination ausprobiert worden zu sein. Nicht alle davon waren schön anzusehen, wenngleich fluoreszierende Muster oder leuchtende Farben für die Verteidiger leicht zu erkennen sind.

Handschuhe
Bis in die 1970er-Jahre wurden nur bei Nässe Baumwollhandschuhe getragen. Heute tragen Torhüter Handschuhe aus elastischen und festen Materialien, mit verschiedenen Beschichtungen und Polstern.

Einige Handschuhe haben kleine Auswölbungen, die die Kontaktfläche mit dem Ball vergrößern und es dem Torwart ermöglichen, den Ball mit mehr Kraft zu schlagen.

Ein Schuss direkt auf die Brust des Torwarts ist in der Regel am einfachsten zu parieren.

Gut gehalten

Dieses Comic aus den 1950ern zeigt, dass Torhüter oft in spektakuläre Aktionen verwickelt sind – bei einer einfachen Parade oder wenn sie durch die Luft fliegen, um den Ball abzuwehren. Spieler können dem Ball heutzutage eine plötzliche Drehung geben, daher müssen die Torhüter immer auf Ballhöhe sein. Wenn ein Angreifer mit Ball auf das Tor zustürmt, sollte der Torhüter sich auf den Ball zubewegen. Durch diese Aktion, die als „Winkelverkürzung" bezeichnet wird, verkleinert sich das Ziel für den Stürmer.

Der Ball sollte zur Seite geklärt werden.

Faustabwehr

Den Ball aus der Gefahrenzone zu fausten, war bei europäischen und südamerikanischen Torhütern schon immer beliebt. Der Torhüter auf diesem Buchumschlag von 1900 versucht, den Ball zu klären. Heute lassen es Schiedsrichter nur selten zu, dass Torhüter beim Fangversuch angegangen werden.

Laut und deutlich

Édouard Mendy, Torhüter der senegalesischen Nationalmannschaft und von Al-Ahli SFC, kontrolliert seinen Strafraum mit lautstarken Anweisungen an seine Mitspieler. Dank dieser Kommunikation bilden die Verteidiger eine optimale Freistoßmauer und organisieren sich effektiv, um Angriffe aus dem Spiel heraus zu verhindern.

Taktik

Die Trainer halten ihre Taktik normalerweise bis zum Spiel geheim. Von jeher wurden die Mannschaften in verschiedenen Formationen aufgestellt. Früher verfügten die Spieler über spezifische Fähigkeiten für eine bestimmte Position. Das Tempo des heutigen Spiels verlangt von den Spielern, dass sie fast jede Position spielen können.

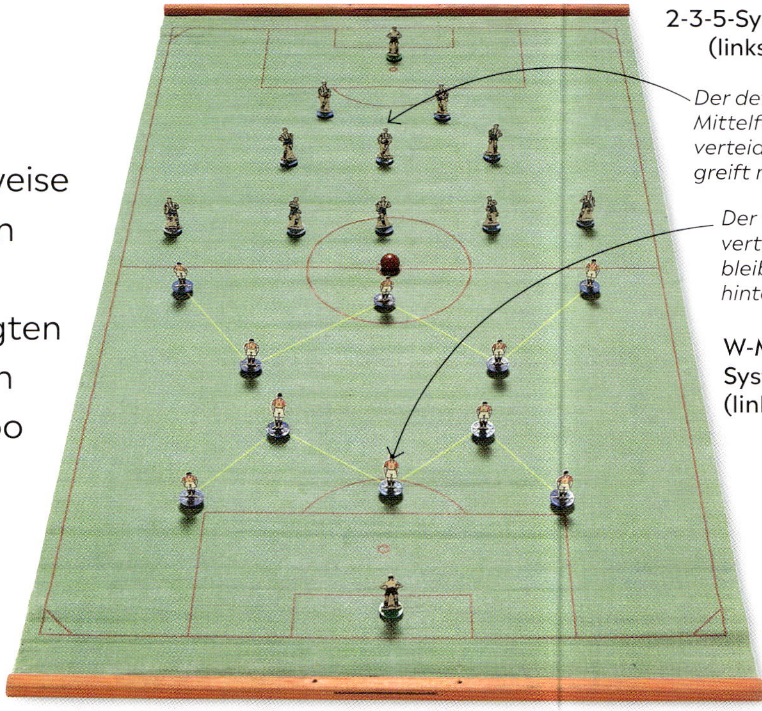

2-3-5-System (links)

Der defensive Mittelfelspieler verteidigt und greift mit an.

Der Innenverteidiger bleibt hinten.

W-M-System (links)

Unter Trainer Pep Guardiola holte der FC Barcelona im 4-3-3-System sechs Titel in einem Jahr.

Gut aufgestellt

Bis in die 1930er-Jahre dominierte das 2-3-5-System die Taktik. Jeder Spieler hatte einen festen Platz auf dem Feld. Herbert Chapman von Arsenal London war der erste Trainer, der die vier Spielerketten in einem 3-2-2-3-System einsetzte, die eine W- und eine M-Formation bildeten.

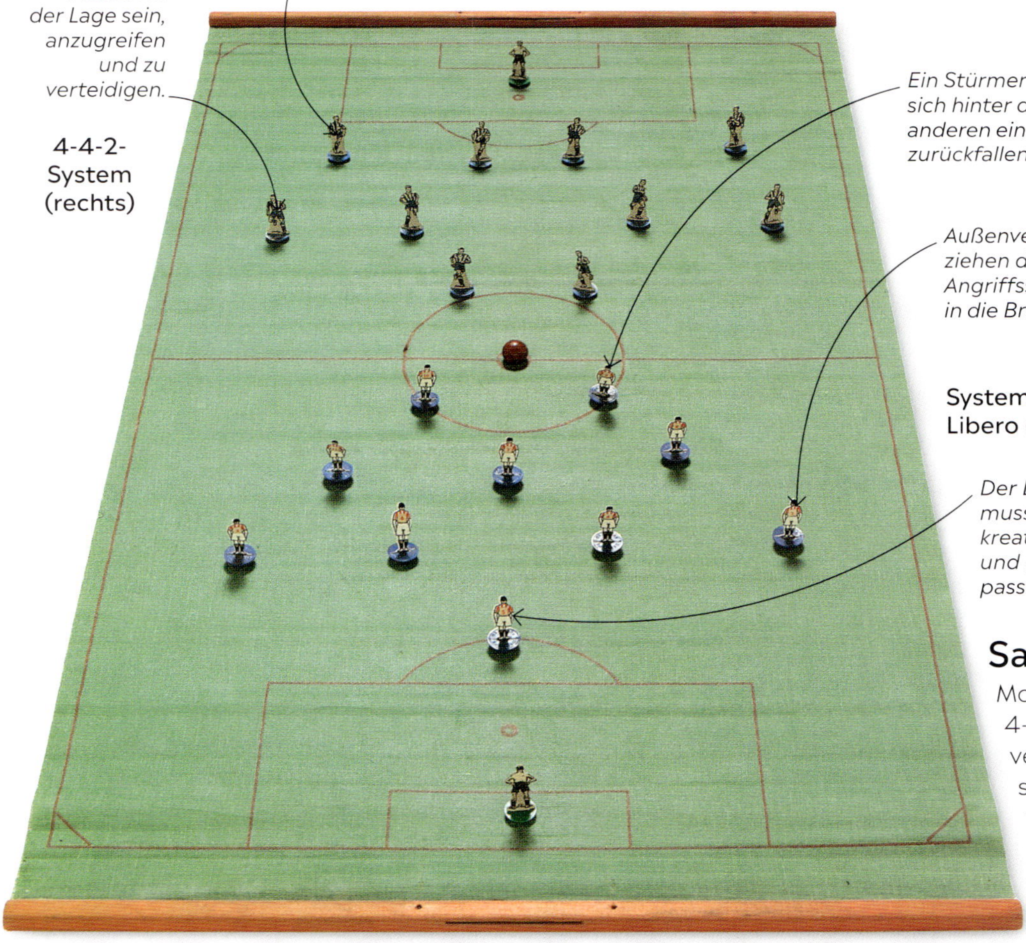

Flügelspieler müssen in der Lage sein, anzugreifen und zu verteidigen.

Deutschland gewann die WM 2014 mit einer Viererkette.

4-4-2-System (rechts)

Ein Stürmer lässt sich hinter dem anderen ein wenig zurückfallen.

Außenverteidiger ziehen das Angriffsspiel in die Breite.

System mit Libero (links)

Der Libero muss kreativ sein und genau passen.

Spielplan

Es gibt Computerprogramme, mit denen die Trainer ihre Taktik genauestens planen können. Das 4-3-3-System ist heute eines der häufigsten im Fußball. Ein anderes gängiges System ist 3-4-3.

Sauber verteidigt

Moderne Aufstellungen variieren, aber das 4-4-2 ist eines der weltweit am häufigsten verwendeten Systeme. Die vier Verteidiger spielen eher defensiv, und die vier Mittelfeldspieler wechseln manchmal in eine Rautenform. Das Liberosystem entbindet einen Spieler von seinen Deckaufgaben.

Abwehrbollwerk

Es ist wichtig, gegnerischen Stürmern keinen Raum zu geben, auch wenn man bestimmte Spieler dafür in Manndeckung nehmen muss. Man sagt, im Sturm gewinnt man Spiele, in der Verteidigung gewinnt man Meisterschaften. Hier umringen die Verteidiger des Paris FC einen Stürmer.

Der Angreifer wird in die Zange genommen.

Die Verteidiger stellen sich dem Angreifer in den Weg.

Auswechslungen

Die FIFA führte 1923 Auswechslungen ein, wenn ein Spieler verletzt war. So wurden Verletzungen vorgetäuscht, um den Trainern taktische Änderungen zu ermöglichen. Im Jahr 2022 wurde die Anzahl der zulässigen Auswechslungen pro Spiel von drei auf fünf pro Mannschaft erhöht.

Der Stürmer kann nur in den Zweikampf mit dem Torwart oder dem letzten Verteidiger gehen, wenn sie in Ballbesitz sind.

Die alte Abseitsregel

Die erste Abseitsregel von 1866 besagte, dass sich bei der Ballabgabe drei Verteidiger, einschließlich des Torwarts, zwischen dem Angreifer und dem Tor (oben) befinden mussten. Bis 1920 fielen weniger Tore, weil die Angreifer immer noch den letzten Außenverteidiger überwinden mussten.

Spieler nicht im Abseits

Die neue Abseitsregel

1925 änderte die FIFA die Abseitsregel, sodass sich nur noch zwei Spieler zwischen dem Angreifer und dem Tor befinden mussten. Seitdem wurden viel mehr Tore erzielt. Wie oben zu sehen ist, ist der Mittelfeldspieler im Begriff, den Ball an den Stürmer zu passen, der sich nicht im Abseits befindet.

Spieler im Abseits

Abseitsfalle

Auch ohne Libero funktioniert die Abseitsfalle. Will der Mittelfeldspieler den Ball nach vorn spielen, rücken die Verteidiger in einer Linie nach vorn, sodass der Stürmer bei der Ballabgabe im Abseits steht.

Verletzungen

Der Job eines Profis umfasst weit mehr als nur das Spielen. Training, Fitness und die Behandlung von Verletzungen sind für den modernen Spieler von großer Bedeutung. Dank medizinischer und technischer Fortschritte können Verletzungen heute besser behandelt werden. Physiotherapie, Ernährung und sogar Psychologie sind heute bei großen Clubs Teil der Routine.

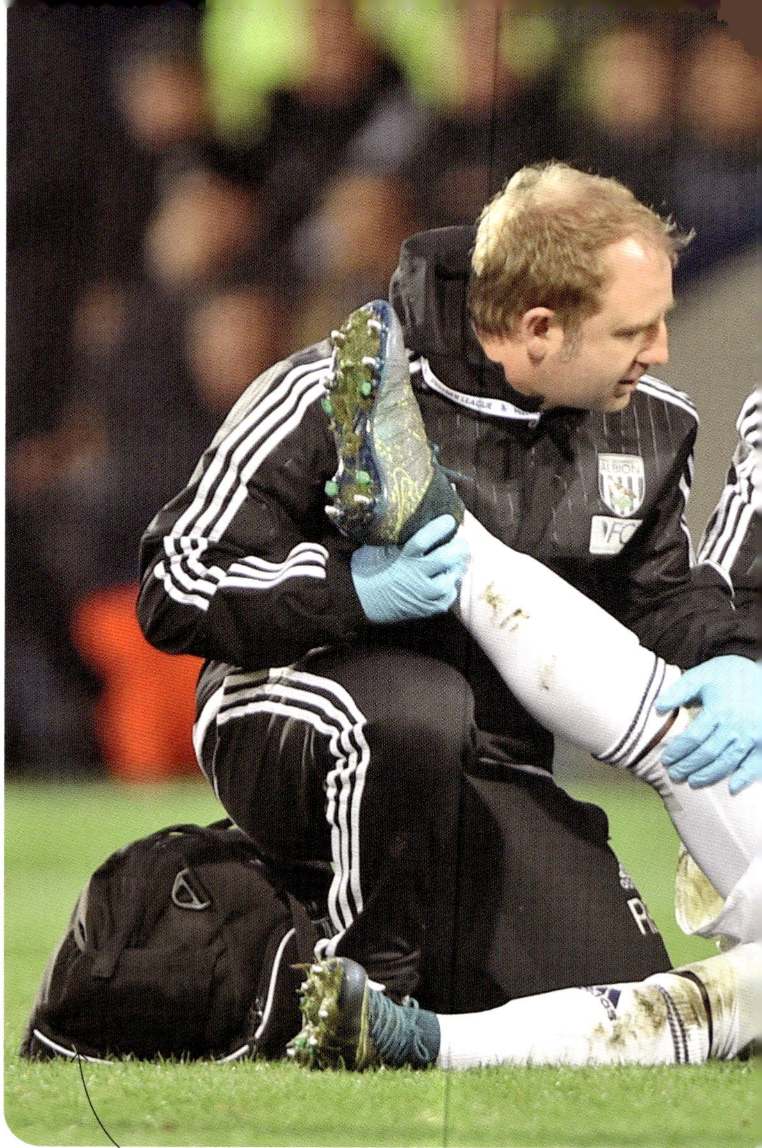

Physiotherapeuten tragen ihre Ausrüstung normalerweise in einer Tasche auf das Spielfeld.

Hartes Training

Trainer Vittorio Pozzo führte Italien 1934 und 1938 zum WM-Titel. Er ließ seine Mannschaft hart trainieren, um ihr mehr Ausdauer zu verleihen. Dies zahlte sich in der Verlängerung des Endspiels 1934 gegen die Tschechoslowakei aus, als Italien den Siegtreffer erzielte.

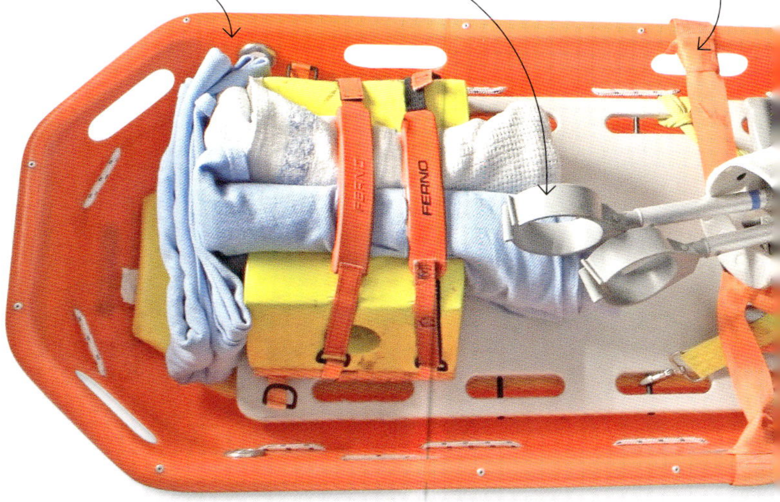

Die „Korb“-Form verhindert, dass ein Spieler von der Trage rutscht und sorgt für Stabilität beim Abtransport der Spieler.

Krücken und Nackenstützen schützen einen Spieler mit Bein-, Nacken- oder Kopfverletzungen.

Gurte sichern den Spieler in der Trage, damit er sich nicht bewegt und weitere Verletzungen zuzieht.

Fitness

Jahrzehntelang wurden schwere Medizinbälle im Training verwendet, um Muskeln aufzubauen und die Ausdauer zu verbessern. Heute werden üblicherweise Fitnessgeräte, Trainingsprogramme und Kraftstationen verwendet. Kraft und Fitness sind entscheidend für den Erfolg, denn Spitzenspieler müssen bis zu 70 Spiele pro Saison absolvieren.

Behandlung auf dem Platz

Der ehemalige Spieler von West Bromwich Albion, Stéphane Sessègnon, wird von Physios aufgrund einer Knöchelverletzung während eines Premier-League-Spiels behandelt. Physiotherapeuten behandeln verletzte Spieler sowohl auf als auch neben dem Spielfeld. Manchmal werden auch Ärzte hinzugezogen. Da es in letzter Zeit im Fußball öfter zu Herzattacken gekommen ist, stehen die Ärzte einer Mannschaft mit Defibrillatoren und anderen medizinischen Notfallausrüstungen am Spielfeldrand bereit.

Rauf und runter

Die Spieler wissen heute, wie wichtig es ist, sich vor einem Spiel aufzuwärmen, um das Risiko von Muskelrissen und -zerrungen zu minimieren. Viele Mannschaften laufen nach einem Spiel noch aus, um ihre Muskeln zu entspannen, bevor sie sich ausruhen.

Verletztentransport

Wenn in den 1920er-Jahren eine Bahre auf das Spielfeld gebracht wurde, wussten die Zuschauer, dass ein Spieler schwer verletzt war. Heute müssen verletzte Spieler nach der Behandlung das Spielfeld verlassen und dürfen, wenn sie wieder fit sind, erst einige Augenblicke später wieder mitspielen. Moderne Tragbahren verfügen über die neueste Ausrüstung, um einen verletzten Spieler zu behandeln und zu stützen.

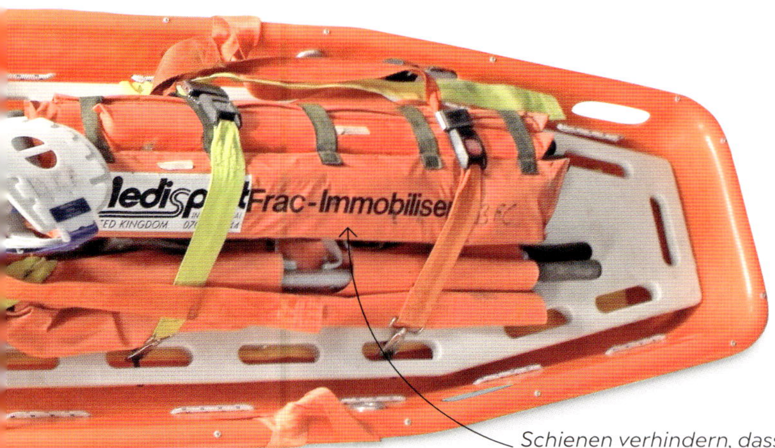

Schienen verhindern, dass gebrochene Gliedmaßen bewegt werden.

Wie durch ein Wunder

Das „magische“ Spray hat einen besonderen Platz in der Fußballfolklore. Viele fragen sich, wie das geheimnisvolle Spray die schnelle Genesung eines Spielers nach einer Verletzung bewirken kann. Die meisten Sprays enthalten Inhaltsstoffe, die den verletzten Bereich kühlen und die Schwellung der Muskeln verringern und den Schmerz vorübergehend betäuben.

RÜCKBLICK

Fabrice Muamba

Fabrice Muamba (geb. 1988) spielte für Arsenal, Birmingham City und die Bolton Wanderers. Während eines FA-Cup-Spiels 2012 erlitt er einen Herzstillstand, bei dem sein Herz 78 Minuten lang stehen blieb. Er erholte sich zwar, musste aber seine Karriere beenden. Später wurde er Jugendtrainer.

Fußbälle

Fußball kann ohne besondere Ausrüstung gespielt werden. Kinder kicken einen Tennisball oder einen Gummiball herum. Vor Jahrhunderten wurden Tierblasen aufgeblasen und verknotet, um einen leichten Springball zu erhalten. Die Blasen hielten jedoch nicht lange, also schützten sie die Menschen in einer Lederhülle. Diese Konstruktion wird auch heute noch verwendet, allerdings aus modernen, synthetischen Materialien.

Orangefarbene Fußbälle wurden bei Schnee verwendet, damit man den Ball erkennen konnte.

Aufgepumpt

Mit der Zeit entwich die Luft aus dem Fußball. Mit einer Pumpe konnte er wieder aufgepumpt werden. Mit zunehmendem Luftdruck in der Blase sprang er besser. Wurde die Blase zu stark aufgepumpt, konnte sie platzen, weshalb einige Pumpen mit einem eigenen Druckmesser ausgestattet waren.

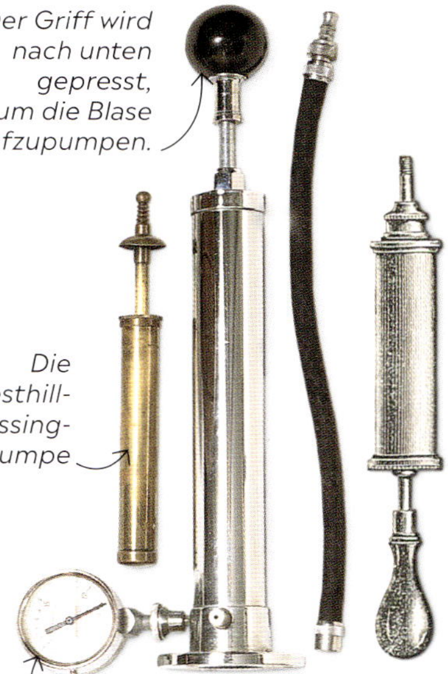

Der Griff wird nach unten gepresst, um die Blase aufzupumpen.

Die Nesthill-Messingpumpe

Der Sykometer misst den Luftdruck.

Die Pumpe wird direkt in den Ball eingeführt.

Tierblasen

Dieser deutsche Stich aus dem 17. Jh. beweist, dass aufgeblasene Tierblasen lange Zeit verwendet wurden.

Ein Tintenfass aus Messing aus den 1890er-Jahren in Form eines Fußballs

Schweres Gerät

Bälle in den 1870er-Jahren bestanden häufig aus acht zusammengenähten Ledersegmenten, deren Enden an einem Kreis zusammengenäht waren. Bei Regenwetter saugte sich das Leder mit Wasser voll, wodurch der Ball an Gewicht zunahm. Kopfbälle konnten dadurch gefährlich werden, weshalb diese Technik damals nicht oft angewendet wurde. Für das Dribbeln eigneten sich die schweren Bälle wiederum sehr gut.

Die Lederstücke werden zusammengenäht.

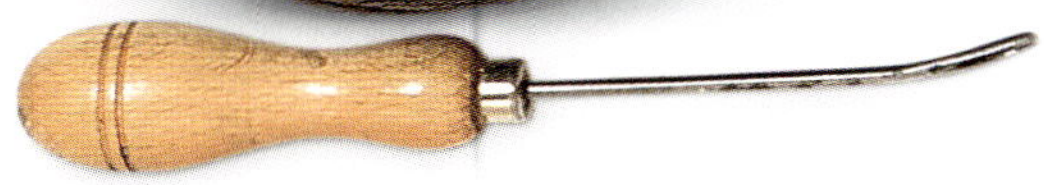

Werkzeug zum Festzurren des Balls

Maßgeschneidert

Dieser Ball kam 1912 bei einem Spiel zwischen Wales und England zum Einsatz. Er besteht aus einer mit Leder umwickelten Gummiblase und ist typisch für die Bälle, die während des größten Teils des 20. Jh. verwendet wurden. Die Außenhülle wurde zusammengeschnürt, Größe und Gewicht der Bälle für den ersten FA Challenge Cup 1872 standardisiert. Aber die Bälle absorbierten immer noch Wasser und verformten sich.

Andere Bälle

Weltweit werden auch andere fußballähnliche Sportarten gespielt. Für jedes Spiel wird ein eigener Ball verwendet. Einige Spiele gibt es schon seit Jahrhunderten. Die Bälle können Merkmale aufweisen, die mit einem zeremoniellen Aspekt des Spiels verbunden sind, oder sie sind so gestaltet, dass sie einer sehr harten Behandlung standhalten.

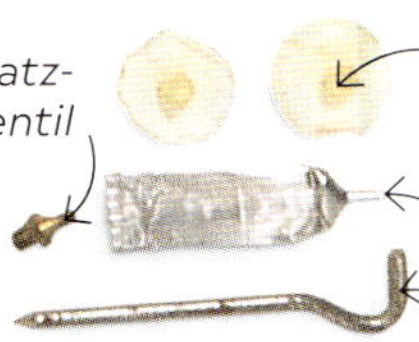
Ersatzventil
Flicken mit „Nippel“ für das Loch
Klebstoff
Metallhaken

Flickwerk

Mit diesem Flickzeug aus den 1970er-Jahren konnte man einen Vinylball reparieren, indem man einen Flicken über das mit einem Metallstab erhitzte Loch klebte.

Eine Augenmaske passt Licht und Schatten an.

Blindenfußball

Blindenfußball ist an Futsal angelehnt (ein Spiel mit fünf Spielern, das auf einem harten Hallenboden gespielt wird). Der Sport kann von blinden oder sehbehinderten Spielern gespielt werden, die Torhüter können in der Regel jedoch sehen. Der Ball enthält Kugellager, die Geräusche erzeugen, wenn er über den Boden rollt, sodass die Spieler hören können, wie er sich bewegt.

Rollstuhlfußball

Rollstuhlfußball ist ein schnelles 4-gegen-4-Spiel, das von Spielern gespielt werden kann, die einen elektrischen oder manuellen Rollstuhl benutzen. Es wird in der Halle und mit einem Fußball der Größe 9 mit einem Durchmesser von 33 cm gespielt, der der Größe der Stühle entspricht.

Miteinander vernähte Lederstreifen
Schnüre zum Festzurren der Hülle
Die Herstellernamen wurden erstmals um 1900 auf die Bälle aufgedruckt.
Der Markenname wurde mit einer Schablone aufgemalt.

Vorsicht beim Kopfball

Bälle wie dieser wurden bei der WM 1966 verwendet, nachdem sie sich in den 50 Jahren zuvor kaum verändert hatten. Die Lederhülle war gefüttert – eine Entwicklung aus den 1940er-Jahren, um sie langlebiger zu machen. Die Außenseite wurde mit einem Pigment bestrichen und mit einem Wasser abweisenden Wachs eingerieben. Zur Schnürung des Balls gab es noch keine Alternative, weshalb die Spieler beim Kopfball Verletzungen riskierten.

Ball in den Farben der Flagge Frankreichs

Die Farben der WM

Die ersten WM-Bälle, die nicht nur schwarz-weiß waren, wurden bei der WM 1998 in Frankreich verwendet. Sie hatten eine synthetische Beschichtung, um sie wasserdicht zu machen, und eine Schaumstoffschicht zwischen der Latexblase und der Polyesterhaut. Dadurch konnten die Spieler schnell passen und schießen. Die Bälle wurden in der Region Sialkot in Pakistan hergestellt.

Schuhe

Was sich in den letzten 100 Jahren am meisten verändert hat, sind die Fußballschuhe. Das schnelle Spiel, wie wir es heute kennen, wäre nicht möglich, wenn die Spieler noch die schweren Stiefel tragen müssten, die bis in die 1930er-Jahre verwendet wurden. Bei den ersten Weltmeisterschaften in den 1930er-Jahren trugen die südamerikanischen Mannschaften leichtere, flachere Stiefel und leiteten damit den Trend zum modernen Hightech-Schuh ein.

Alltagsstiefel

Im späten 19. Jh. hatten nur wenige Fußballer spezielles Schuhwerk. Diese Mädchenstiefel mit glatten Sohlen, Absatz und hohem Schnitt schränkten die Bewegungsfreiheit stark ein, schützten aber den Knöchel.

Mädchenstiefel (19. Jh.)

Stiefel ohne Stollen

Ein Fußballspieler des 19. Jh. trug stollenlose Stiefel, die weder schnelle Drehungen noch lange Pässe zuließen. Für das von vielen englischen Amateurmannschaften bevorzugte Dribbling eigneten sie sich jedoch durchaus.

Solche Stiefel wurden bei Nässe extrem schwer.

Schnürsenkel aus Baumwolle

Verstärkte Fußstütze

Eintragen in der Badewanne

Diese Schuhe wurden 1910 als „Cup Final Specials“ vermarktet, ein frühes Beispiel, wie Fußballprodukte mit einem berühmten Spiel in Verbindung gebracht wurden. Es war üblich, dass die Spieler ihre neuen Schuhe erst mal in der Badewanne trugen, um das Leder weicher zu machen.

Schuhsponsoren

Starspieler erhalten heute riesige Summen für das Tragen beliebter Markenschuhe. Der brasilianische Superstar Neymar unterzeichnete 2020 einen Weltrekordvertrag beim deutschen Sportartikelhersteller Puma, der ihm jedes Jahr rund 26 Millionen Euro für das Tragen von Puma-Schuhen garantieren sollte.

Schnürsenkel

Schnürsenkel der Firma Paton waren ab den 1930er-Jahren weit verbreitet. Es bestand ständiger Bedarf, da die frühen Baumwollschnürsenkel während der Spiele ständig durchweichten, anschließend austrockneten und dadurch schnell rissen.

STOLLEN

Die Anzahl und Position der Stollen ist sehr unterschiedlich. Längere Stollen werden bei nassem und schlammigem Platz benötigt, kürzere kommen auf harten Plätzen zum Einsatz. Moderne Schuhe haben oft Nocken mit fester Länge, die in die Sohle integriert sind. Die Verletzungsgefahr durch Stollen ist ein stetiges Thema für die Sportverbände. Eine der Aufgaben des Schiedsrichterassistenten ist die Kontrolle der Stollen aller Spieler.

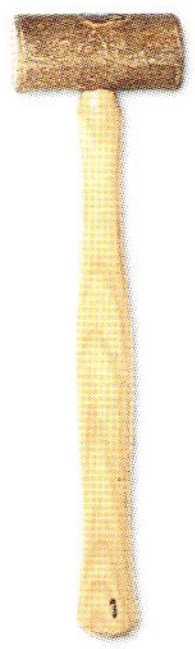

Holzhammer

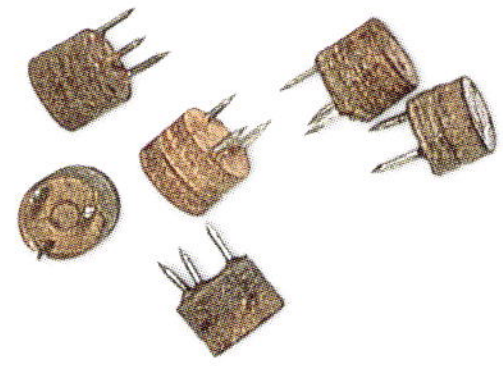

Erste Stollen
Früher waren Fußballschuhe ganz aus Leder. Die Stollen wurden in die Sohlen genagelt.

Gummistollen
Später kamen Gummistollen auf, die auch in die Sohle genagelt wurden. Dadurch wurden die Stiefel schnell beschädigt.

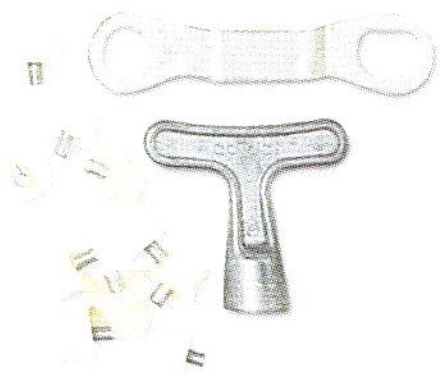

Schraubstollen
Moderne Stollen sind aus Kunststoff oder Metall. Die Spieler können die Stollen in der Halbzeitpause wechseln.

Diese hochgeschnittenen Stiefel boten einen guten Schutz für die Knöchel.

Kinder „kicken" gerne zum Zeitvertreib.

Der Engländer Tom Finney warb für diese Stiefel.

Der moderne Look

Das klassische Schwarz mit weißem Rand wurde in den 1950er-Jahren populär. Die Schuhe waren flexibel und konnten ohne große Einlaufphase getragen werden. Der geringere Knöchelschutz bedeutete mehr Bewegungsfreiheit, führte aber auch zu häufigeren Verletzungen.

Massenware

In den 1920er-Jahren wurden Fußballschuhe wie der „Manfield Hotspur" für alle Altersklassen in Massenproduktion hergestellt. Die Kinderschuhe wurden genau wie die der Erwachsenen entworfen, mit verstärkten Zehenkappen und Absätzen sowie Lederstollen. Aufgrund der damaligen sozialen Verhältnisse konnten sich die meisten Arbeiterfamilien solche Schuhe jedoch nicht leisten.

Designerschuhe

Für die Entwicklung moderner Stiefel wird viel Geld ausgegeben. Hochwertiges Obermaterial aus Kunstleder und leichte Synthetiksohlen sorgen für eine lange Lebensdauer. Die Schuhe sind bequem und ermöglichen erstaunlich viel Spin beim Schießen. Viele Spielerinnen und Spieler tragen individuell gestaltete Schuhe mit einzigartigen Designs, z. B. mit ihrem persönlichen Branding oder Bildern beliebter Zeichentrickfiguren.

Im 19. Jh. trugen sowohl Fußball- als auch Rugbyspieler knielange Knickerbocker ohne Beinschutz.

Spielkleidung

Trikot, Hose und Stutzen bilden die Basis. Spieler in wärmeren Ländern brauchten weniger warme Kleidung, und so wich die Wolle mit der Zeit der Baumwolle und schließlich den Kunstfasern. Leichte, atmungsaktive Stoffe sind heute weltweit die Norm. Die Teams tragen auf dem Spielfeld Outfits in den Vereinsfarben, die alle Fans erkennen können. Frauenmannschaften tragen seit Anfang 1900 Fußballkleidung und heute speziell für sie angefertigte Trikots.

Wolltrikots

Im späten 19. Jh. wurden Fußballtrikots häufig aus Wolle hergestellt. Sie leierten aus und saugten sich bei Regen voller Wasser.

Schnürkragen

Überall begannen die Mannschaften einheitliche Trikots zu tragen, wie dieses schwarzweiße Trikot aus dicker Baumwolle, mit Schnürkragen, das die Spieler von Newcastle United im FA-Cup-Finale 1911 trugen. Auch heute noch trägt Newcastle schwarz und weiß.

Australische Shirts

Dieses australische Wollhemd mit Baumwollkragen wurde 1925 von Tommy Traynor getragen. Trikots, die bei Länderspielen getragen werden, haben symbolische Bedeutung. Nach einem Spiel tauschen die Teams als Freundschaftsgeste die Shirts.

Orangener Dress

Das Orange der Niederlande ist sofort zu erkennen. Die niederländischen Fans bilden bei Spielen eine orangefarbene Masse. Hier trägt die Stürmerin Vivianne Miedema das Nationaltrikot.

Strümpfe hoch

Moderne Strümpfe werden aus Hochleistungsmaterialien hergestellt. Viele Spieler tragen heute „Grip"-Socken (oben rechts), deren Noppen verhindern, dass der Spieler auf dem Spielfeld in seinen Stiefeln rutscht. Die Spieler bedecken ihre „Grip"-Socken oft mit Stutzen (oben links), die zu den Farben ihrer Mannschaft passen.

Auswärtstrikot

Im Endspiel der WM 1966 trug die englische Mannschaft statt des üblichen weißen Heimtrikots ein rotes. Der Grund dafür war, dass Westdeutschland weiß trug.

Kühl bleiben

Moderne Trikots sollen die Spieler kühl halten und die Feuchtigkeit ableiten. Dieses niederländische Nationaltrikot von 2018/19 ist aus leichtem und strapazierfähigem Synthetikmaterial gefertigt.

Cremefarbene Flanellshorts (um 1900)

Strapazierfähige Baumwollshorts (um 1930)

Moderne Kunstfaser-Shorts mit Schlitzen am Saum

Hosenlänge

In den 1860er-Jahren wurde in langen Hosen gespielt, doch mit der Entwicklung des Spiels mussten die Spieler ihre Geschwindigkeit und Beweglichkeit verbessern. Kürzere Knickerbocker, die bis knapp über das Knie reichten, wurden populär. Die weiten Hosen in den 1930er-Jahren wurden durch Alex James vom FC Arsenal berühmt. Moderne Hosen sind aus atmungsaktivem Material gefertigt, das volle Bewegungsfreiheit zulässt.

Zubehör

Die geknöpfte Jacke war eine Alternative zum üblichen Hemd.

Verstärkter Schutz

Diese Figur entstammt einem deutschen Fußballspiel aus dem späten 19. Jh. Ihre Schienbeinschoner sind mit Holzstäben verstärkt.

In den Anfängen des Fußballsports waren Verletzungen und unbequeme Kleidung gang und gäbe. Diese Situation verbesserte sich, als Ende des 19. Jh. Schutzausrüstungen und Zubehör wie Hüte und Gürtel eingeführt wurden. Schienbeinschoner wurden 1874 eingeführt und gehören auch heute noch zur Standardausrüstung. Das meiste andere Zubehör wird nicht mehr verwendet.

Die einzigen Spieler, die im modernen Fußball eine Mütze tragen dürfen, sind die Torhüter.

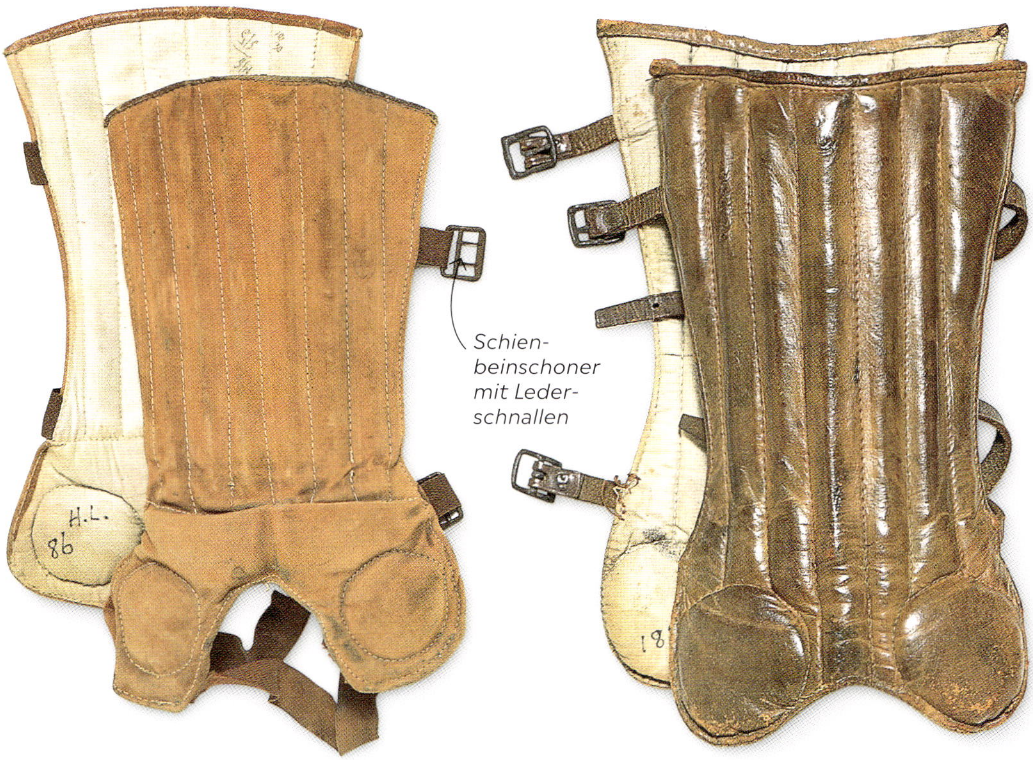

Schienbeinschoner mit Lederschnallen

Diese Schienbeinschoner waren aus braunem Leder und zum Schutz innen mit Bambusrohren verstärkt.

Die ersten Schienbeinschützer

Die ersten Schienbeinschützer, die den Cricket-Schonern ähnelten, wurden über den Strümpfen getragen und um Knöchelschoner erweitert, die auf der Oberseite des Stiefels auflagen. Diese schweren und unflexiblen Schoner aus den 1890er-Jahren hatten einen Wildlederbezug und wurden durch Regenwasser sehr stark in Mitleidenschaft gezogen.

Zeitlos

Um 1900 trugen die Spieler solche Schienbeinschoner über die Strümpfe, die mit Riemen und Schnallen befestigt wurden. Die Vorderseite war aus Leder, die Rückseite aus Baumwolle, das Futter dazwischen aus Tierhaaren.

Bewegungsfreiheit

Um 1910 war der Knöchelschutz nicht mehr Teil der Schienbeinschoner, da er die Beweglichkeit des Fußes einschränkte. Pässe und das Laufen ohne Ball waren nun wichtige Bestandteile des Spiels und erforderten eine größere Beweglichkeit des Sprungelenks. Dieser wurde der Schutz geopfert.

Damenkappen und -Gürtel (1895)

Schülergürtel (frühes 20. Jh.)

Gürtel und Kappen

Ab den 1890er-Jahren trugen Fußballerinnen Kappen, um ihr Haar zu bedecken. Gürtel waren bis ins 20. Jh. Jahrhundert Teil vieler Fußballtrikots. Sie hielten das Hemd fest und gaben durch die Farbwahl den Mannschaften ein einheitliches Erschinungsbild.

Kälteschutz

Bei niedrigen Temperaturen sind inzwischen Handschuhe weit verbreitet, vor allem bei Spielern aus südlicheren Ländern. Spieler, die anfällig für Adduktoren- und Leistenverletzungen sind, tragen lange Unterhosen, um diese Bereiche warm zu halten.

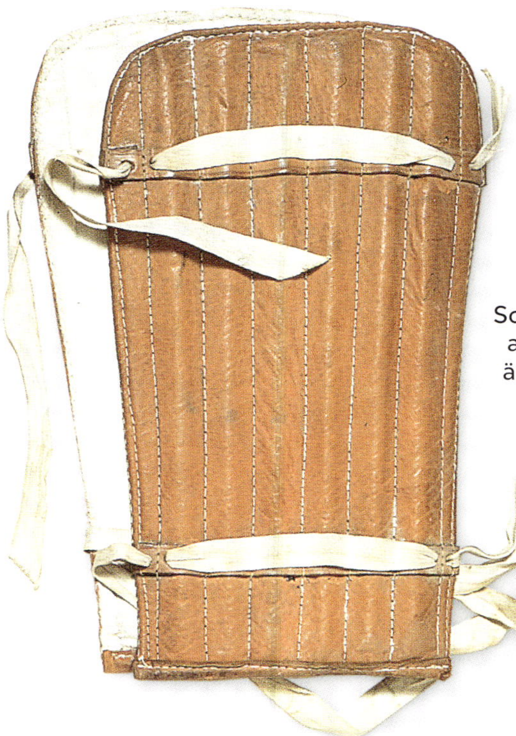

Lange Bänder wurden doppelt um das Bein gewickelt.

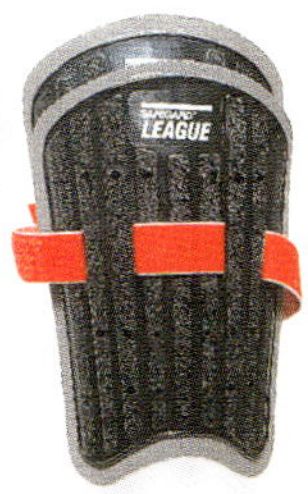

Schienbeinschoner aus den 1980ern ähneln denen der 1930er-Jahre.

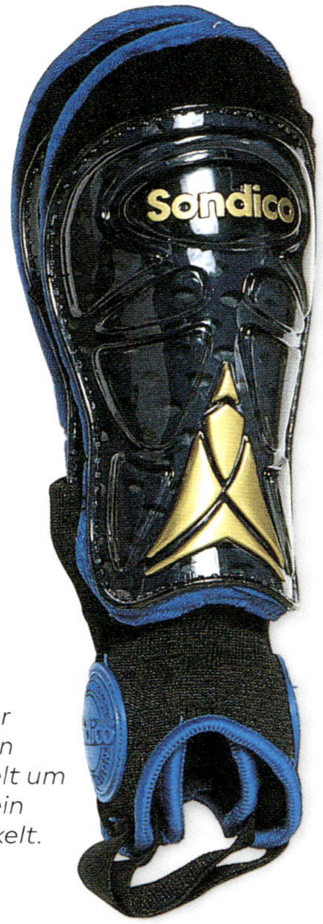

Moderne Schienbeinschoner können individuell gestaltet werden, mit Spielernamen, -nummern oder Bildern der Spieler.

Festgezurrt

Ab den 1930er-Jahren wurden die Schienbeinschoner unter den Stutzen getragen. Anstelle von Riemen wurden sie mit Bändern befestigt. Später hielten eng anliegende Synthetik- statt Wollsocken die Schützer fest.

Leichtgewicht

Schienbeinschoner in den 1990er- und frühen 2000er-Jahren unterschieden sich deutlich von älteren Modellen. Sie passten sich der Beinform an, waren leicht und boten hervorragenden Schutz, sogar für die empfindliche Achillessehne.

Elastisch und straff

Moderne Schienbeinschoner sind schmal, kompakt und ultraleicht. Die meisten Spieler befestigen ihre Schoner in einer Kompressionsmanschette, die sie in ihrer Bewegungsfreiheit nicht einschränkt.

Berühmte Spieler

Fußball ist ein Mannschaftssport. Die Fans fiebern mit ihren Clubs und Nationalmannschaften, aber einige wenige Spieler sind so herausragend, dass sie alleine ein großes Publikum anziehen. Was sie auszeichnet, ist die Fähigkeit, den Spielverlauf durch einen Moment unglaublichen individuellen Könnens zu verändern.

Gordon Banks (1937–2019)

Der englische Torwart Gordon Banks wurde vor allem für seine Parade gegen einen Kopfball von Pelé bei der WM 1970 bekannt. Banks bestritt zwischen 1963 und 1972 73 Länderspiele für England.

Johan Cruyff (1947–2016)

Der Niederländer Johan Cruyff ist einer der wenigen großen Spieler, die auch erfolgreiche Trainer wurden. Er zeichnete sich durch sein taktisches Verständnis aus und verkörperte die Idee des „totalen Fußballs", mit der er jede Abwehr knackte.

Gerd Müller (1945–2021)

Der als „Bomber der Nation" bekannte Mittelstürmer war ein überaus erfolgreicher Torjäger, der in 62 Spielen für die Bundesrepublik Deutschland 68 Tore erzielte. Während seiner Zeit, in der er für Bayern München spielte, erzielte er rekordverdächtige 365 Tore.

Bobby Charlton (1937–2023)

Bobby Charlton, Star der Mannschaft von Manchester United, wurde für seinen harten und präzisen Schuss gefürchtet und war ein unersetzlicher Teil der englischen Weltmeisterelf von 1966. Er wurde 1994 zum Ritter geschlagen.

Roger Milla (geb. 1952)

Der zweifache afrikanische Fußballer des Jahres, Roger Milla aus Kamerun, war einer der ersten afrikanischen Spieler, die Weltruhm erlangten. Er war auch der älteste Spieler, der 1994 im Alter von 42 Jahren ein Tor bei einer WM erzielte.

Diego Maradona (1960–2020)

Maradona war der beste Spieler seiner Generation und führte Argentinien zum WM-Triumph 1986 und den SSC Neapel zu zwei Titeln in der italienischen Serie A. Sein magischer linker Fuß und seine Ballbehandlung waren seine größten Trümpfe.

Maradonas kleine kräftige Statur verlieh ihm eine ausgezeichnete Körperkontrolle.

Eusébio beim Ballkontrolle-Training

Eusébio erzielte in 46 Länderspielen 38 Tore.

Eusébio (1942–2014)

Obwohl in Mosambik geboren, wurde Eusébio von Benfica Lissabon unter Vertrag genommen und spielte fortan für Portugal. Im Finale des Europapokals der Landesmeister 1962 war er der Star, als er zwei Tore zum Sieg Benficas gegen Real Madrid beisteuerte. Eusébio wurde in der ganzen Welt für seine Fairness und sein fußballerisches Talent geschätzt.

Giuseppe Meazza (1910–1979)

Giuseppe Meazza (links) gewann mit Italien 1934 und 1938 zwei WM-Titel. Von seiner Halbstürmerposition aus bereitete er die Tore vor oder schoss sie selbst. 1938 dirigierte er die italienische Elf, als der Trainer auf die Tribüne geschickt wurde. Seine besten Jahre verbrachte er bei Inter Mailand.

Garrincha (1933–1983)

Als Kind litt Garrincha an Kinderlähmung. Später wurde der auch „Paradiesvogel“ genannte Brasilianer zu einem der schnellsten und trickreichsten Flügelspieler aller Zeiten. Er spielte auf der rechten Seite der legendären brasilianischen Sturmreihe von 1958. 1962 verhalf er Brasilien trotz der Abwesenheit des verletzten Pelé mit einigen brillanten Leistungen zum WM-Titel.

Fortsetzung nächste Seite

Fortsetzung von S. 33

Zinédine Zidane (geb. 1972)

Der französische offensive Mittelfeldspieler Zinédine Zidane, einer der größten Spieler der letzten Jahre, verband physische Stärke mit Können und Intelligenz. 1998 führte er Frankreich mit zwei Toren im Finale gegen Brasilien zum ersten WM-Sieg. Außerdem verhalf er Real Madrid im Champions-League-Finale 2002, indem er zum Mann des Spiels gewählt wurde, zum Sieg.

Lionel Messi (geb. 1987)

Lionel Messi gab im Alter von 16 Jahren sein Debüt für den FC Barcelona und gewann seitdem zehn spanische Meisterschaften sowie zwei französische mit Paris Saint-Germain. 2022 gewann er als Kapitän mit Argentinien den WM-Pokal in Katar und 2023 zum achten Mal den FIFA Ballon d'Or.

Cristiano Ronaldo (geb. 1985)

Portugals Kapitän Cristiano Ronaldo ist einer der besten Spieler der Welt. Er wurde fünfmal Weltfußballer des Jahres und gewann 2016 mit Portugal den EM-Titel. Ronaldo spielte von 2009 bis 2018 für Real Madrid und führte das Team in dieser Zeit zu fünf Siegen in der UEFA Champions League.

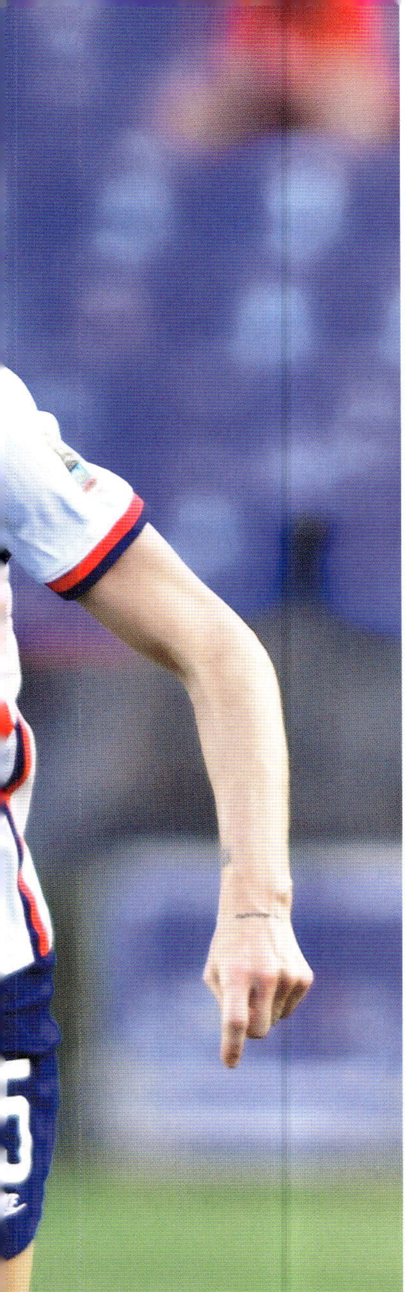

Christine Sinclair (geb. 1983)

Mit 186 Toren und 296 Länderspielen hält die Kanadierin Sinclair den Rekord für die meisten Länderspieltore (Männer und Frauen) sowie für die meisten bestrittenen Länderspiele.

Lew Jaschin (1929–1990)

Der stets schwarz gekleidete Lew Jaschin nahm für die Sowjetunion an vier WMs teil und ist der einzige Torwart, der zu Europas Fußballer des Jahres gewählt wurde.

Franz Beckenbauer (1945–2024)

Beckenbauer ist eine der wenigen Fußballlegenden, die auch als Trainer erfolgreich waren. Er führte die BRD als Kapitän zum Sieg bei der WM 1974 und als Teamchef 1990 zum Titel.

Ferenc Puskás (1927–2006)

Der Star der ungarischen Elf der 1950er-Jahre wechselte 1958 zu Real Madrid. Vor allem mit seinem linken Fuß schoss Puskás viele Tore für seine Mannschaften.

Marta (geb. 1986)

Marta Vieira da Silva gilt als eine der besten Spielerinnen aller Zeiten. Sie wurde sechsmal zur FIFA-Weltfußballerin des Jahres gewählt und hält den Rekord für die meisten Tore bei Weltmeisterschaften.

Megan Rapinoe (geb. 1985)

Megan Rapinoe führte die US-Frauennationalmannschaft zu zwei olympischen Medaillen (2012 und 2021) und zwei Weltmeisterschaftssiegen (2015 und 2019). Ihre Fußballkarriere erreichte 2019 einen neuen Höhepunkt, als sie den Goldenen Ball und den Goldenen Schuh der Weltmeisterschaft gewann und zur FIFA-Weltfußballerin des Jahres gekürt wurde.

Pelé (1940–2022)

Pelé, für viele der beste Spieler aller Zeiten, war von Ende der 1950er- bis Anfang der 1970er-Jahre der König des Fußballs. Er schoss mehr als 1000 Tore für Brasilien, den brasilianischen Verein Santos und Cosmos New York. Sein Enthusiasmus und seine Liebe zum Fußball machten ihn zu einem absoluten Vorbild für das Spiel.

Siegesgefühle

Spieler, die das Glück haben, eine Meisterschaft zu gewinnen, erhalten dafür eine Medaille. Wird ein Spieler in England in die Nationalelf berufen, bekommt er dafür eine Kappe. Der Erfolg lässt sich an der Anzahl der Länderspiele eines Spielers messen, das Überschreiten der 100-Länderspiele-Marke wird als außergewöhnlicher Dienst für eine Nationalmannschaft angesehen.

Abzeichen eines englischen Nationaltrikots von 1954, getragen in einem Spiel gegen Jugoslawien

Club-Medaillen
Einige Clubs entwarfen eigene Medaillen, um besondere Leistungen ihrer Spieler zu würdigen. Diese Medaille wurde den Spielern von Preston North End für den Titelgewinn 1903/04 verliehen.

Orden und Medaillen

Ähnlich wie Soldaten werden auch Fußballer für ihre Dienste mit Orden und Medaillen ausgezeichnet. Sie werden auf allen Ebenen des Fußballs verliehen, sowohl im Profi- als auch im Amateurbereich, und können zu wertvollen Sammlerstücken werden.

Fairness
Bevor es organisierte Ligen gab, wurden Medaillen oft für Sportlichkeit verliehen. Der Außenverteidiger C. Duckworth erhielt in der Saison 1883/84 diese Medaille für „faires und sportliches Verhalten".

Argentinischer Maté-Becher-Pokal

Double
Diese Medaillen gewann der Engländer Bob Haworth für Spiele für Preston North End und die Nationalmannschaft.

England gegen Schottland, 1893

FA-Pokal 1888–1889

Sieger
Diese Medaille wurde Spielern für Erfolge während der Saison 1914/15 verliehen.

Arsenal
Diese Medaille aus den 1930er-Jahren dürfte dem Arsenal-Star Alex James gehören.

Amateur
Medaille aus den 1920er-Jahren für einen erfolgreichen Amateurspieler

Spiel um den dritten Platz
Bei allen WMs außer 1950 wurden den Gewinnern des Spiels um Platz drei Medaillen verliehen. Bei der WM 2006 gewann Gastgeber Deutschland die Medaille für den dritten Platz.

Kompliment
Diese „Medaille für den Sieg über alle Gegner" wurde in der Saison 1884/85 verliehen.

Trophäe
Diese Plakette erhielten die englischen Spieler für ihren Sieg in einem Spiel gegen Frankreich im Jahr 1947.

Silberlöffel aus Norwegen

Silberlöffel aus Argentinien

Verzierter Silberdolch

Gastgeschenke
Nationalspieler erhalten manchmal Geschenke vom gegnerischen Fußballverband. Das englische Team erhielt 1949 Silberlöffel aus Norwegen. Die Argentinier schenkten der englischen Mannschaft 1951 Dolche und anderes Silberbesteck.

Spiele zu Kriegszeiten
Während des Zweiten Weltkriegs nahmen berühmte Spieler an Freundschaftsspielen zur Stärkung der öffentlichen Moral teil. Tom Finney erhielt diese Medaille 1946 nach einem Spiel in Belgien.

Afrikapokal
Diese Medaille wurde dem Sieger des ersten Afrika-Cups überreicht. Sudan, Äthiopien und Ägypten nahmen teil. Ägypten gewann das Finale mit 4:0.

Gut trainiert
Trainer Will Scott erhielt diese Medaille 1931 im Celtic Park in Schottland.

Zu Werbezwecken
Auch Unternehmen würdigten Fußballereignisse. Die französische Zeitung Le Soir stiftete diese Medaille im Jahr 1953.

WM-Sieg
Die größte Ehre im Fußball: Diese Jules-Rimet-Medaille bekamen die Deutschen für ihren Sieg im Finale der WM 1954 über Ungarn.

Wappentier von Wales: der Drache

Home Cap
Diese walisische Mütze wurde für die British Home Championship 1903/04 zwischen England, Schottland, Nordirland und Wales verliehen. Das Turnier fand bis 1984 jedes Jahr statt.

Fußballkappen sind meistens aus Samt.

Quasten als Zierde

Nordirland hat seit 1921 eine eigene Mannschaft.

Careys Kappe
Der irische Verteidiger Johnny Carey gewann diese Kappe 1938.

Kappen

Farbige Kappen waren früher die einzige Möglichkeit zu erkennen, zu welchem Team ein Spieler gehörte. 1872 beschloss der englische Verband, dass die Mannschaften unterschiedliche Trikots tragen sollten. Ab 1886 erhielt jeder Spieler pro absolviertes Länderspiel eine Mütze. Heute bekommen sie alle Spieler, einschließlich der Ersatzspieler. Wayne Rooney war der jüngste Spieler, der 100 Länderspiele für England absolvierte, und wurde mit einer goldenen Kappe ausgezeichnet.

Schulfarben
Erstmals wurden die Kappen an englischen Privatschulen den besten Spielern des Jahres verliehen.

RÜCKBLICK

Kristine Lilly
Die Nationalspielerin Kristine Lilly (geb. 1971) aus den USA ist mit 354 Einsätzen die Spielerin mit den meisten Länderspielen in der Geschichte. Sie nahm zwischen 1991 und 2007 an fünf Weltmeisterschaften teil.

Große Clubs

Die Clubs wecken bei den Fans die größte Loyalität und Leidenschaft. Die großen Clubs ziehen Anhänger aus der ganzen Welt an und dominieren in der Regel ihre heimischen Ligen. Der Erfolg der Clubs basiert meist auf einem starken finanziellen Fundament, das einen ständigen Nachschub an guten Spielern gewährleistet.

Die alte Dame

Juventus Turin ist der erfolgreichste italienische Club und genießt auch außerhalb Turins große Unterstützung. Die „Alte Dame" (La Vecchia Signora) gewann 1985 und 1996 den Europapokal.

Londons Damen

Netty Honeyball war die treibende Kraft hinter der ersten großen Frauenmannschaft in den 1890er-Jahren. Der British Ladies Club zog große Menschenmengen an.

Sammelkarte aus den 1890er-Jahren, die den Spieler Jack Powell aus Newton Heath zeigt.

„Busby Babes"

Der Club Manchester United hieß bis 1902 Newton Heath. Bei einer Flugzeugkatastrophe in München kamen 1958 acht Spieler der jungen Mannschaft von Trainer Matt Busby ums Leben. Seitdem hat der Verein drei Europapokale gewonnen.

Benfica Lissabon

Nur Porto und Sporting Lissabon können in Portugal mit Benfica mithalten. Der Club der frühen 1960er-Jahre gewann 1961 und 1962 den Europapokal der Landesmeister und kam drei weitere Male ins Endspiel. Dieser Adler aus Bronze ist das Wappentier von Benfica.

Reals Rivalen

In den letzten Jahren hat der Fußballriese Real Madrid seinen erbitterten Rivalen Barcelona als größten Club Spaniens weit hinter sich gelassen. In der Saison 2021/22 gewann Real Madrid vier große Titel – die spanische Meisterschaft unc den Pokal, die UEFA Champions League und den UEFA Super Cup.

Südamerikas Legende

Die Boca Juniors sind der erfolgreichste Verein Argentiniens. Sie haben insgesamt 72 offizielle Titel gewonnen, darunter 34 Meisterschaften in der argentinischen Primera Division, sechs Copa Libertadores und 34 Pokalwettbewerbe – sowohl national als auch international.

Der dominierende Club

Al-Sadd SC aus Doha ist der erfolgreichste Club Katars und hat in der höchsten Liga des Landes, der Qatar Star League, rekordverdächtige 16 Titel gewonnen. Seine Erfolge haben ihm den Spitznamen „Boss“ eingebracht.

Brillantes Barcelona

Die Damenmannschaft Barcelona Femení ist eine der besten Mannschaften im Frauenfußball. Drei Jahre in Folge, von 2020 bis 2022, gewannen sie ihre heimische Liga und beendeten ihre trophäenreiche Saison 2022 als Gewinner der UEFA Champions League der Frauen.

Talentschmiede

In den 1970er-Jahren trug die Politik des niederländischen Clubs Ajax Amsterdam, eigene junge Spieler zu entwickeln, Früchte. Spieler wie Johan Cruyff verhalfen Ajax zu drei aufeinanderfolgenden Europapokalsiegen. Ajax verfügt über das wohl beste Ausbildungssystem und bringt auch heute noch Weltklassespieler wie Frenkie De Jong und Justin Kluivert hervor.

Der Club ist nach dem antiken griechischen Helden Ajax benannt.

Die **Fans**

Die Fans haben den Fußball zum größten Spiel der Welt gemacht. Ab dem späten 19. Jh. besuchte die arbeitende Bevölkerung in ihrer Freizeit Sportveranstaltungen. Sie schufen eine spannungsgeladene und euphorische Atmosphäre. Heute ist der Fußball die meistgesehene Sportart der Welt, und die Fans unterstützen ihre Clubs und ihr Land auf lautstarke und bunte Weise.

Vereinsfarben

Farben sind ein wichtiger Bestandteil der Verbindung zwischen Mannschaft und Anhang. Die Fans tragen oft Schals in den Vereinsfarben, um ihre Treue zu zeigen, wie hier das Gelb und Blau des türkischen Vereins Fenerbahçe.

Freie Sicht

In ihrer Verzweiflung lassen sich die Fans nicht immer von den „Ausverkauft“-Schildern abschrecken. Im 19. Jh., bevor große Tribünen gebaut wurden, konnte man noch von so manchen Bäumen aus ein Spiel verfolgen.

Fanrequisiten

Im England der späten 1980er-Jahre wurden auf den Tribünen häufig große aufblasbare Objekte wie Bananen, Fische und Spiegeleier von den Fans geschwenkt.

Spardose für Kinder

Sammlerstücke

Fans haben schon immer fußballbezogene Dinge gesammelt. Die heutigen Gegenstände zeigen die Lieblingsclubs, früher waren es eher allgemeine Fußballszenen. Das Sammeln von Autogrammen oder „Selfies“ mit Starspielern sind ebenfalls sehr beliebt.

EINBLICK

Der ultimative Fan

Der Spanier Manuel Cáceres Artesero (geb. 1949), besser bekannt als Manolo „el del Bombo“, reist um die Welt, um die Spiele der spanischen Nationalmannschaft zu besuchen. Mit Baskenmütze und seiner berühmten Basstrommel hat Manolo von 1982 bis 2022 jede Weltmeisterschaft besucht.

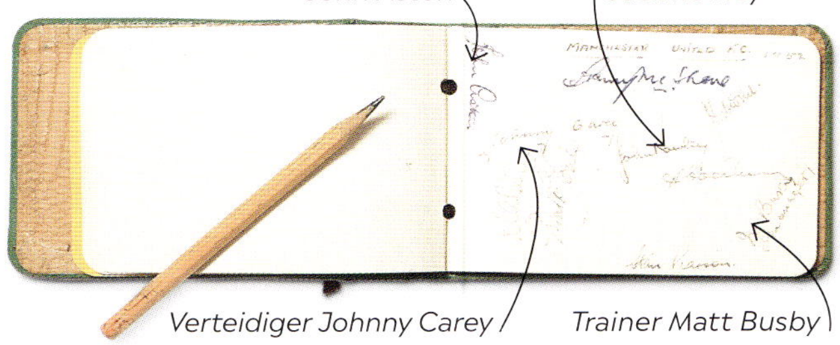

Autogrammbuch aus den 1950er-Jahren mit Unterschriften von Spielern von Manchester United

Griffelkasten aus Holz mit Spielszenen

Ratschen wurden ursprünglich benutzt, um Vögel aufzuschrecken.

Ratsche eines Luftschutzwarts

Ratsche für Erwachsene

Kinderrassel mit gemalter Fußballszene

Glocke eines Luftschutzwarts

Lärm im Stadion

Schon vor 1940 nahmen Fans Glocken und Ratschen zu den Spielen mit. Wenn der horizontale Teil einer Ratsche um den „Klicker“ am Griff gewirbelt wird, erzeugt sie ein lautes rasselndes Geräusch. Bis sie in den 1970er-Jahren verboten wurden, waren die Ratschen Teil der Atmosphäre bei Spielen. Seit den 1960er-Jahren kamen immer mehr Fangesänge auf.

Trommler

Brasilianische Fans sind für ihre lautstarke Unterstützung bekannt. Sie schlagen auf den Trommeln einen Samba-Beat, der von lauten Gesängen und Pfiffen begleitet wird. Wenn der Lärm auf den Tribünen widerhallt, tanzen die Fans oft im Takt mit, um das Spiel noch spektakulärer zu machen.

Die Gesichtsbemalung spiegelt die Farben der Nationalflagge oder der Mannschaftstrikots wider.

Bunt bemalt

Japanische Fans bei einem Freundschaftsspiel zwischen Japan und Serbien: Gesichtsbemalung in den Mannschaftsfarben ist heute bei internationalen Spielen üblich.

Spieltag

Die Atmosphäre auf den Rängen und die Nähe zum Spielgeschehen machen das Live-Erlebnis Fußball so unvergesslich. Fußball wird heute in großem Umfang im Fernsehen gezeigt, aber Millionen von Fans gehen noch immer zu den Spielen. Viele Fans sind abergläubisch, genau wie die Spieler, und folgen ähnlichen Spielroutinen. Ihr lautstarker Support spielt für die Mannschaften eine große Rolle.

Auf nach Wembley

Dieses Foto zeigt Fans von West Ham, die 1923 zum ersten FA-Cup-Finale in Wembley aufbrechen. Dabei drängten sich mehr als die offiziell zugelassenen 123 000 Zuschauer im Stadion.

Kontrolle der Massen

Polizei und Ordner kümmern sich bei Fußballspielen um die Sicherheit der Zuschauer. Ordnungskräfte, wie diese bei einem Spiel der schottischen Premier League zwischen Ross County und Motherwell, müssen unter Umständen aufgebrachte Fans im Zaum halten. Dabei kommen auch Pferdestaffeln, Hunde oder Schutzschilde zum Einsatz. Zudem regeln sie den Verkehr und eskortieren die Fans am Spieltag.

Lesestoff

Die ersten Stadionzeitungen waren einfache Einblattdrucke mit den Mannschaftsaufstellungen. Im Lauf der Zeit kamen weitere Elemente hinzu, z. B. Trainerkommentare und Hintergrundinformationen über den Gegner. Heute werden für alle Spitzenspiele vollfarbige Hochglanzbroschüren erstellt.

Vorfreude auf das Spiel

Hunderte von Fans unterschiedlichen Alters versammeln sich vor einem Spiel in einer „Fanzone“, wie diese Bayern-Fans vor der Allianz Arena in München. In den Fanzonen feiern die Fans vor großen Spielen. Sie befinden sich oft auf öffentlichen Plätzen oder in der Nähe der Stadien und bieten Essens- und Getränkestände, Mitmach-Aktivitäten, Fanartikel und Großleinwände, auf denen man das Spiel verfolgen kann.

Spaß in der Major League

In den USA und Kanada ist bei Spielen der Major League Soccer (MLS) ordentlich was los. Cheerleader und Musik sorgen für Stimmung bei den leidenschaftlichen Fans. Oben sind die Fans der Seattle Sounders bei einem Auswärtsspiel im Stadion von Los Angeles Galaxy zu sehen.

Offizielles Abzeichen 1905

Abzeichen der FA von 1898

Offizielles Abzeichen der FA (1903)

Abzeichen, getragen 1899 beim Spiel England gegen Schottland

Zutritt verboten!

Zu bestimmten Bereichen des Stadions ist der Zugang streng geregelt, z. B. zu den Businesssseats. Diese Abzeichen wurden auf die Blazer der Verbandsfunktionäre genäht. Heute gibt es in vielen Stadien VIP-Logen.

Tickets bitte

Tickets sind unerlässlich, um den Zutritt zu den Spielen zu kontrollieren und die Zuschauerzahlen auf einem sicheren Niveau zu halten. Heute werden elektronische Tickets statt Papierkarten verwendet, und die Sitze und Tickets sind nummeriert.

Showeinlagen

Vereine und Verbände sorgen vor dem Anpfiff und in der Halbzeitpause mit zusätzlichen Unterhaltungshows für Stimmung. Früher waren dafür meist Blaskapellen zuständig. Bei der Zeremonie des UEFA-Champions-League-Endspiels 2022 in Paris trat die kubanisch-amerikanische Sängerin Camila Cabello auf.

Steile Tribünen

Der FC Barcelona zog 1957 vom Stadion Les Corts in das spektakuläre Camp Nou um. Die Kosten für das neue Stadion wurden von den Mitgliedern des Vereins bezahlt.

Die Stadien

Als die Zuschauermengen Ende des 19. Jh. immer größer wurden, benötigten die Clubs geeignete Spielstätten. Stadien, die den Fans Schutz und eine gute Sicht boten, wurden nötig. Eine Reihe von Stadionkatastrophen führte dazu, dass Stehplätze verboten wurden, um die Sicherheit der Zuschauer zu gewährleisten. Dank besserer Bau- und Sicherheitsstandards wurden 2022 in den Stadien der englischen Premier League wieder Safe-Standing-Bereiche eingeführt.

Flutlicht

Flutlichtanlagen wurden erstmals 1878 eingesetzt. Zumeist strahlten Scheinwerfer von Masten in den Stadionecken. Heute ist das Flutlicht oft in das Stadiondach integriert.

Stehplätze

Bevor reine Sitzplatzarenen eingeführt wurden, standen die Fans dicht gedrängt auf den Tribünen. Damals war es üblich, dass viel mehr Fans einem Spiel beiwohnten als heute. Kinder wurden oft nach vorn gereicht, damit sie eine bessere Sicht hatten.

Hillsborough

Am 15. April 1989 starben beim FA-Cup-Halbfinale im englischen Sheffield 96 Fans des FC Liverpool im überfüllten Hillsborough Stadium. Diese Tragödie führte zu neuen Sicherheitsvorkehrungen in den Stadien.

Wembley

Als das neue Wembley-Stadion im Norden Londons 2007 eröffnet wurde, strömten die Leute in Scharen in die atemberaubende Arena mit ihrem Fassungsvermögen von 90 000 Zuschauern. Das Stadion überspannt ein Stahlbogen, der nachts beleuchtet wird und in der ganzen Stadt zu sehen ist.

WM-Wunder

Das Luschniki-Stadion in Moskau war Austragungsort des Endspiels der Fußball-WM 2018 zwischen Frankreich und Kroatien. Sein Dach wölbt sich durchgehend über den Platz und erzeugt den Effekt eines Amphitheaters.

Spielertunnel

Der Tunnel ist mehr als nur der Weg zum Spielfeld. Hier stimmen sich die Spieler auf das Spiel ein. Viele Tunnel sind so gestaltet, dass sie die Psyche der Gegner beeinflussen. Im Emirates-Stadion von Arsenal z. B. sind an den Wänden des Tunnels lebensgroße Arsenal-Spieler abgebildet, um die Gegner einzuschüchtern.

Gute Planung

Moderne Tribünen werden nach Computermodellen entworfen. Mehr Platz zwischen den Sitzen bedeutet mehr Komfort, dafür eine geringere Kapazität. Viele moderne Stadien sind jedoch auf große Zuschauerzahlen ausgerichtet. Das Tottenham-Hotspur-Stadion in London bietet Platz für 62 850 Zuschauer.

Weltmeisterschaft

Maskottchen

Seit 1966 hat jede WM ein Maskottchen. Es gibt sie als lebensgroße Figuren und als kleine Werbeartikel. Das hier ist Pique (Mexiko, 1986).

Die Fußball-Weltmeisterschaft ist eines der größten Sportereignisse. Die erste WM wurde 1930 in Uruguay ausgetragen. Einige Teams konnten erst ab den 1950er-Jahren teilnehmen, als das Reisen einfacher und schneller wurde. Von da an wurde das Turnier immer populärer. 1958 wurde der brasilianische Teenager Pelé zum ersten globalen Superstar des Fußballs und das Interesse an der WM nahm zu.

Die erste WM

Uruguay bot an, die Reisekosten der 13 Gastmannschaften der ersten WM zu übernehmen. Nur vier europäische Mannschaften nahmen die lange Reise auf sich.

Gastgeber

Das Logo der Fußball-WM änderte sich mit jeder Veranstaltung. Das Turnier fand schon in vielen Ländern statt – und viele Länder möchten dieses Ereignis ausrichten. Die Endrunde 2002 in Japan und Südkorea war das erste Turnier mit zwei Gastgebern. Während Katar die WM 2022 im Winter ausrichtete, wird sie 2026 erstmals von drei Gastgeberländern veranstaltet: den USA, Kanada und Mexiko.

1930 – Uruguay. Uruguay besiegt Argentinien als Gastgeber mit 4:2.

1934 – Italien. Die Tschechoslowakei verliert 1:2 gegen Italien.

1938 – Frankreich. Italien schlägt Ungarn im Endspiel mit 4:2.

1950 – Brasilien. Uruguay schlägt Brasilien im ersten Turnier nach dem Zweiten Weltkrieg mit 2:1.

1954 – Schweiz. Deutschland siegt im Finale überraschenderweise 3:2 gegen Ungarn.

1958 – Schweden. Brasilien schlägt Schweden 5:2.

1962 – Chile. Brasilien schlägt mit Starspieler Garrincha die Tschechoslowakei mit 3:1.

1966 – England. Deutschland verliert 2:4 gegen England. Geoff Hurst gelingt der erste Hattrick in einem Finale.

1970 – Mexiko. Brasilien schlägt Italien 4:1 mit der vielleicht besten Elf aller Zeiten.

1974 – Deutschland. Die Niederlande unterliegen Deutschland im Finale mit 2:1.

1978 – Argentinien. Die Niederlande verlieren 1:3 gegen Argentinien.

1982 – Spanien. Italien gewinnt gegen Deutschland mit 3:1.

Mexiko war das erste Land, das zwei Endspiele ausrichtete.

1986 – Mexiko. Argentinien mit Superstar Maradona schlägt Deutschland 3:2.

Das Maskottchen von Italien 1990 hieß Ciao.

1990 – Italien. Deutschland siegt im Finale mit 1:0 gegen Argentinien.

1994 – USA. Brasilien gewinnt seinen 4. WM-Titel durch ein 3:2 gegen Italien.

1998 – Frankreich. Brasilien unterliegt Frankreich 0:3.

Die Figur ist ein geflügelter Seraph.

Der Pokal ist aus purem Gold.

Die Gravur der Trophäe ist auf Französisch.

Jules-Rimet-Pokal

WM-Pokal

Der erste WM-Pokal wurde vom französischen Bildhauer Abel Lafleur entworfen. Zunächst hieß er „Victory", später wurde er nach dem FIFA-Präsidenten Jules Rimet benannt. 1970 ging die Trophäe in den Besitz von Brasilien über, 1983 wurde sie jedoch gestohlen und ist seitdem verschollen.

1994 strömten die US-Fans zu den Spielen.

Alles zum Nachlesen

Die WM-Programmhefte unterscheiden sich von den Stadionzeitungen der Clubs, da sie sich auf das gesamte Turnier und nicht nur auf ein Spiel beziehen. Sie enthalten Mannschaftsinformationen und werden in mehreren Sprachen gedruckt. Diese Programme stammen von den WMs in Schweden '58, England '66, Spanien '82, Italien '90 und den USA '94.

Der Zuschauerrekord bei einem WM-Finale liegt bei 173 850 Fans (Brasilien vs. Uruguay, 1950).

Garrincha

Didi

Mittelstürmer Vava

Pelé war erst 17 Jahre alt.

Linksaußen Zagalo erzielte im Finale das vierte Tor.

Das schöne Spiel

Die brasilianische Endspiel-Mannschaft von 1958 gilt als eine der größten der WM-Geschichte. Ihre Stürmer zählten zu den Besten aller Zeiten. Mario Zagalo wurde 1970 und 1994 als Nationaltrainer mit Brasilien Weltmeister.

Fortsetzung auf der nächsten Seite

Fortsetzung von S. 47

Wir brauchen die Weltmeisterschaft

Dies war das Poster für das Turnier 1962 in Chile, das durch Erdbeben im Vorfeld stark gefährdet war. Carlos Dittborn, Präsident des chilenischen Fußballverbands, sagte sehr entschlossen: „Wir haben nichts. Deshalb brauchen wir die WM“. Chile veranstaltete trotz aller Bedenken ein erfolgreiches Turnier.

World Cup Willie inspirierte Lonnie Donegan zu einem Song.

Die drei Löwen auf dem Trikot waren das Vorbild für World Cup Willie.

Geldbringer

World Cup Willie war 1966 in England das erste WM-Maskottchen und stand exemplarisch für die zunehmende Kommerzialisierung. Maskottchen sind heute Teil der offiziellen Werbekampagnen.

Eine Weltkugel ziert die Spitze der Trophäe.

Die heutige Trophäe ist 36,5 cm hoch und wiegt gute 6 Kilo.

Die vom Italiener Silvio Gazzaniga entworfene Trophäe ist aus massivem 18-karätigem Gold.

Neuer Pokal

Die heutige WM-Trophäe wurde für die Endrunde 1974 angefertigt. Nachdem Brasilien 1970 zum dritten Mal Weltmeister geworden war, durfte es den Jules-Rimet-Pokal für immer behalten. Die neue Trophäe wurde von der FIFA in Auftrag gegeben.

Kopie des FIFA-WM-Pokals

Positiv denken

1978 begeisterte Gastgeber Argentinien die Fans mit seiner positiven Einstellung. Der Star der WM war Mario Kempes.

Enthusiastisches Amerika

Obwohl die USA keine große Profifußballtradition haben, waren sie 1994 Gastgeber einer erfolgreichen WM. Die Spiele wurden von vielen begeisterten Zuschauern besucht. Dies ist eine Eintrittskarte für das Spiel zwischen Italien und Mexiko.

Harte Arbeit für die Gastgeber

Viele Länder bewerben sich um die Ausrichtung der WM und versuchen, die FIFA davon zu überzeugen, dass sie ein erfolgreiches Turnier ausrichten können. Sie informieren über Stadien, Verkehrskonzepte, Unterkünfte und Medienzentren. Katar erhielt den Zuschlag für das Turnier 2022, während die USA, Mexiko und Kanada gemeinsam die WM 2026 veranstalten.

Wappen des Fußballverbands Spaniens

Ein Kartenspiel mit Bildern der Stadien

Informationsmaterial für Spanien 1982

Wer gegen wen?

Jede Kugel enthält einen Zettel, auf dem ein Team steht.

Die Kugeln sind für die Fernsehzuschauer in leuchtenden Farben gehalten.

Für die Auslosung der WM-Endrunde werden Plastikkugeln verwendet. Die Zahl der Teams wurde von 13 im Jahr 1930 auf 32 im Jahr 2014 erhöht. Ab 2026 werden es 48 Mannschaften sein. Momentan spielt jede Mannschaft in der Vorrunde drei Spiele. Danach werden die Spiele im K.-o.-System ausgetragen, bis nur noch zwei Mannschaften übrig sind.

RÜCKBLICK

Megan Rapinoe

Die US-amerikanische Spitzenfußballerin Megan Rapinoe (Mitte) hat zahlreiche Auszeichnungen erhalten, darunter den Ballon d'Or Féminin 2019 sowie den Goldenen Ball und den Goldenen Schuh der FIFA-Frauen-WM 2019. Die USA gewannen 2019 ihren vierten WM-Titel, besonders dank Rapinoes großer Leistungen.

Die Weltmeisterschaft 2022

Dank herausragender Leistungen von Spielern wie Sofyan Amrabat und Yassine Bounou (oben) erreichte Marokko als erstes afrikanisches Land 2022 in Katar das Halbfinale einer WM. Im Finale standen sich Frankreich und Argentinien in einem der spannendsten Endspiele der FIFA-WM-Geschichte gegenüber, das Argentinien mit 4:2 nach Elfmeterschießen gewann.

Trophäen

Der Augenblick, wenn der Mannschaftskapitän den Pokal erhält und den Fans präsentiert, ist der Höhepunkt eines jeden Turniers. Pokale und Trophäen sind die Symbole des Erfolgs, und die Trainer müssen gewinnen, um ihren Job zu behalten. Das Bestreben, Geld zu verdienen, hat zur Einführung zahlreicher neuer Wettbewerbe geführt, von denen einige aber nicht denselben Reiz haben wie ältere Turniere.

Eckfahnen als Dekoration

Früher Pokal

Diese Silber-Trophäe aus den 1870er-Jahren ist ein Beispiel für frühe Fußballpokale. Nachdem der FA-Cup im Jahr 1872 eingeführt wurde, starteten ähnliche lokale Turniere in England und Schottland.

Olympischer Fußball

Dieses Abzeichen stammt von den Olympischen Spielen 1956. Das erste richtige olympische Fußballturnier wurde 1908 ausgetragen.

Große Erfolge

Der Afrika-Cup wird seit 1957 ausgetragen. Während an der ersten Ausgabe nur drei Nationen teilnahmen, sind es heute 24 Mannschaften. Senegals Sadio Mane mit dem Pokal nach dem 4:2-Sieg im Elfmeterschießen gegen Ägypten im Jahr 2021.

Europapokal

Der 1956 erstmals ausgetragene Europapokal der Landesmeister (heute UEFA Champions League) war ursprünglich den Meistern der einzelnen europäischen Ligen vorbehalten. Heute können sich bis zu vier Teams aus der höchsten nationalen Liga eines Landes qualifizieren. Die Champions League ist das prestigeträchtigste kontinentale Turnier in Europa.

RÜCKBLICK

Sir Alex Ferguson

Der Schotte Sir Alex Ferguson (geb. 1941) gilt als der erfolgreichste Trainer aller Zeiten. In seiner Karriere gewann er 48 Titel – 37 davon in seinen 26 Jahren bei Manchester United sowie zehn Titel in acht Jahren bei Aberdeen. Er wurde in England elfmal zum Trainer des Jahres gewählt.

FA-Cup

Der erste FA-Cup (unten links) wurde auch „Kleine Blechgötze“ genannt. Er wurde 1895 aus der Auslage eines Geschäfts gestohlen und nie wiedergefunden. Der FA-Cup von 1911 (unten rechts) wurde 1992 ausgemustert.

Volle Ränge

Bei der Frauenfußball-WM 1999 in den USA spielten die Teams vor vollen Rängen. Das Finale wurde im Rose Bowl in Kalifornien ausgetragen. Hier sieht man die US-Spielerin Cindy Parlow im Finale gegen China, das die USA gewannen.

Copa América

Die Copa América wird seit 1916 ausgetragen und ist damit eines der ältesten großen Turniere. Ursprünglich war sie für südamerikanische Nationen gedacht, aber auch die USA und Mexiko haben schon teilgenommen. Seit 2007 wird das Turnier alle vier Jahre ausgetragen.

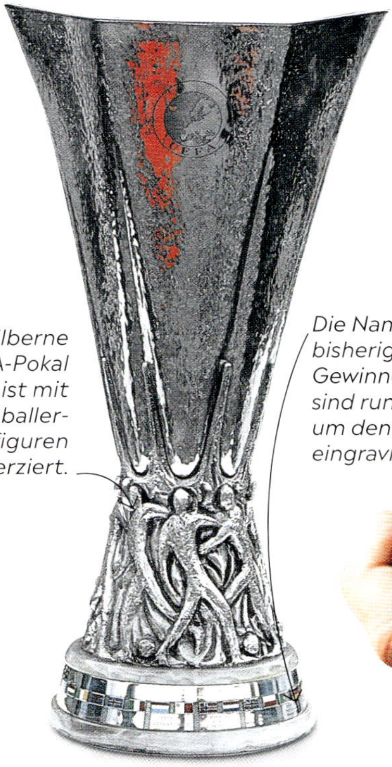

Der silberne UEFA-Pokal ist mit Fußballerfiguren verziert.

Die Namen bisheriger Gewinner sind rund um den Fuß eingraviert.

Europa League

Der UEFA-Pokal war ursprünglich als Messepokal bekannt. Im Jahr 2008 wurde er in die heutige UEFA Europa League umbenannt. An der Gruppenphase nehmen die Mannschaften teil, die hinter den Champions-League-Teilnehmern der nationalen Ligen platziert sind sowie die Gewinner der nationalen Pokalwettbewerbe.

WM der Frauen

Die erste Weltmeisterschaft der Frauen fand 1991 in China statt. Das Turnier wurde immer größer und zieht mittlerweile viele Zuschauer an. Dies ist der Pokal, den die USA 1999 gewannen.

Spiele zum **Spiel**

Generationen von Kindern hatten ihren ersten Kontakt zum Fußball mit Brett- oder Kartenspielen und Tischfußball. Die Popularität des Spiels treibt Hersteller und Erfinder zu neuen Produkten an, weit mehr als bei jeder anderen Sportart. Die Einfachheit der Spielsachen der Vergangenheit steht in starkem Kontrast zur Geschwindigkeit und hyperrealistischen Action moderner Videospiele wie EA Sports *FIFA* und Konamis *eFootball*.

Liegt eine Kugel hier, gibt es Punktabzug.

Die Kugeln werden hier ins Feld gebracht.

Flipper

Bei diesem Spiel aus den 1950er-Jahren schießen die Spieler Kugeln mithilfe einer Feder über das Spielbrett. Je nachdem, wo die Kugeln ins Loch fallen, gibt es Punkte.

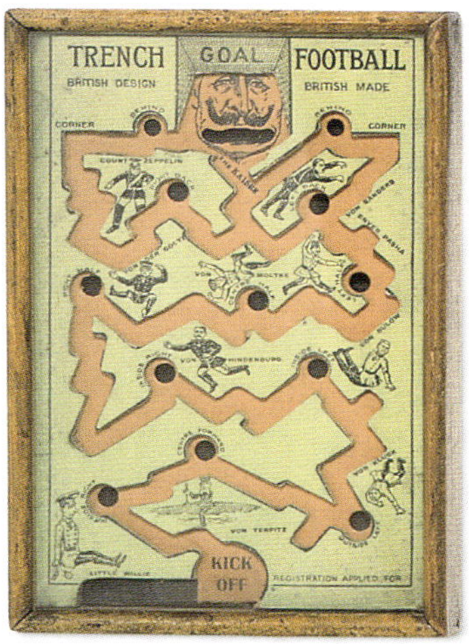

Im Schützengraben

Trench Football spielten britische Soldaten im Ersten Weltkrieg. Sie mussten dabei vorsichtig einen Ball an den deutschen Generälen vorbeirollen.

Kugelspiel

Bei diesem kleinen Spielzeug aus dem frühen 20. Jh. werden die Kugeln in eines der Löcher gerollt.

Schachtel-Fußball

Das kleinste Fußballspiel der Welt (Japan, 1930er-Jahre). Wenn sich die Streichholzschachtel öffnet, springt ein Spieler aus der Schachtel.

EINBLICK

Sam Kerr

Die australische Mittelstürmerin Sam Kerr von Chelsea London ist mit 110 Toren die beste Torschützin ihres Landes und war 2022 die erste Spielerin, die das Cover der weltweiten Version des Videospiels EA Sports *FIFA 23 Ultimate Edition* zierte.

Ball für das Kick-Spiel

Drückt man das eine Bein nach unten, schießt das andere Bein den Ball.

Tipp-Kick-Figuren

Diese Figuren stammen von einem Tipp-Kick-Spiel, das um 1900 hergestellt wurde. Die Spieler kicken auf einem grünen Stoffspielfeld mit Toren, wenn sie nach unten gedrückt werden.

Fußball-Computerspiele

Die FIFA-Reihe des Spieleentwicklers EA und Konamis eFootball werden von vielen Fans gespielt. Viele Clubs beschäftigen erfolgreiche E-Sportler, die an internationalen Gaming-Turnieren wie dem FIFA eWorld Cup teilnehmen und um hohe Preisgelder kämpfen.

Der Spielstand wird auf dieser Pappkarte angezeigt.

Brettspiel

Bei diesem Spiel mit dem Namen *Championship Soccer* von 1983 wurde der Ball mit Würfeln und Karten auf dem Spielfeld bewegt. Eine Anzeigetafel und eine Uhr waren ebenfalls enthalten.

Tischkicker

Tischfußball und Subbuteo, das Spiel zum Schnippen, werden weltweit von Fans aller Altersgruppen gespielt. Viele Menschen sammeln auch Match-Attax-Karten, das beliebteste Fußballkarten-Tauschspiel der Welt.

Die Spieler schieben und drehen Spieler an Stangen, um den Ball ins gegnerische Tor zu schießen und das eigene Tor zu verteidigen.

Werbung

In dieser Werbung aus den 1920er-Jahren bettete eine italienische Getränkefirma ihr Produkt in eine Fußballszene ein.

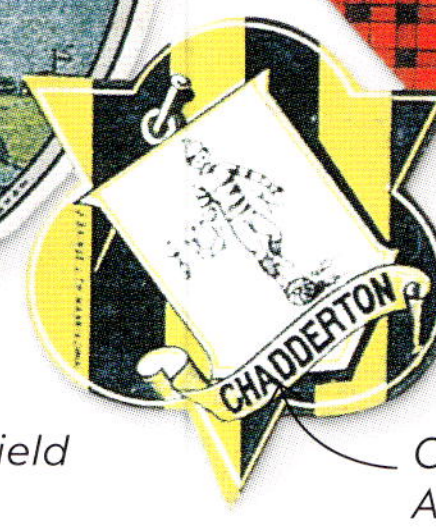

Sammelkarten

Diese Karten aus dem späten 19. und frühen 20. Jh. waren die Vorläufer der Sticker-Alben. Sie zeigten Fußball- und Rugby-Mannschaften auf Profi- und Amateurebene.

Wednesday, heute Sheffield Wednesday

Hearts aus Schottland

Chadderton, ein Amateurverein

Fanartikel

Fußball wird zu Werbezwecken für viele Produkte genutzt. Fußballbezogene Werbung und Promotion sind nichts Neues. Schon zu Beginn des 20. Jh. machten sich Unternehmen die Popularität des Spiels zunutze. Bis in die 1950er-Jahre war der Stil noch eher dezent und originell. Heute wird mit Starspielern und Top-Clubs Werbung betrieben und Massenware produziert.

Sportdose

In den 1930er-Jahren dienten Sportmotive häufig als Dekoration für Haushaltsgegenstände. Diese Dose zeigt Fußball auf dem Deckel und andere Sportarten auf der Hülle.

Eine Silberdose von 1910 wirbt für den Senfhersteller Colman's.

Überdachte Tribünen sind in Südeuropa selten.

Fußball-Getränke

In diesem Getränk steckte keine magische Fußballzutat, aber die Hersteller wussten, dass jede Assoziation mit Fußball den Absatz steigern würde.

Souvenirs

Nicht nur Stadionzeitungen und Eintrittskarten erinnern an vergangene WM-Turniere. Auch kleine Souvenirs, wie z. B. diese Radiergummis mit den Logos der WM 1990 in Italien sind beliebt.

Fußball-Fächer

Dieser spanische Damenfächer (Mitte des 20. Jh.) zeigt auf der einen Seite eine Fußballszene und auf der Rückseite eine Werbebotschaft. Viele Werbemittel waren nicht nur funktional, sondern wurden auch kunstvoll gestaltet.

Namens-schild

Club-Züge

In den 1980er-Jahren produzierte die Spielzeugfirma Hornby aus Liverpool eine Reihe maßstabsgetreuer Modelle der Lokomotiven der London North Eastern Railway, die nach Fußballvereinen benannt waren. Hier sieht man die Manchester United.

Banks Johnstone Jennings England Best

Miniaturbüsten

Die Tankstellenkette Cleveland Petrol produzierte 1971 diese Miniaturbüsten englischer Topspieler.

Olympia-Uhr

Diese deutsche Holzuhr könnte als Andenken an die Olympischen Spiele 1936 in Berlin hergestellt worden sein. Das Fußballturnier gewann Italien im Finale gegen Österreich mit 2:1. Die Figuren oben bewegen sich zu jeder vollen Stunde.

Taschenuhren

Uhr

Wecker

Uhren

Hier abgebildet sind eine Schweizer Taschenuhr aus Genf (um 1910), eine britische Uhr aus den 1950er-Jahren und ein Wecker aus den 1970er-Jahren. Design und Materialkosten hingen davon ab, ob sich das Objekt an Kinder oder Erwachsene richtete.

Aufgewickelt

Schnurhalter aus Kupfer in Fußballform aus den 1880er-Jahren

Die Gussform besteht aus zwei Teilen.

Kette

Anhänger

Kompass

Schmuck

Fußballgegenstände werden oft zu Schmuck verarbeitet. An dieser Kette hängen vier silberne Anhänger aus den 1920er-Jahren. Medaillon und Kompass stammen aus den 1880er-Jahren.

Seife am Band

Die Firma Avon produzierte diese Fußballseife zur WM 1966 in England.

Schoko-Fußballer

In diese Messingform aus dem frühen 20. Jh. wurde geschmolzene Schokolade gegossen. Der Miniatur-Schokoladenfußballer mit einem Ball zu seinen Füßen war vor allem für Kinder gedacht.

Fußball als Geschäft

Der Fußball ist mittlerweile ein großes Geschäft. Millionen von Fans besuchen die Spiele, die Produkte der Clubs werden weltweit verkauft und Spitzenspieler und Funktionäre verdienen viel Geld. Wo früher billige Unterhaltung geboten wurde, werden heutzutage mehrere Millionen umgesetzt.

Billys Bestechung

Das Trikot des Walisers Billy Meredith. Der Spieler von Manchester City wurde 1905 für ein Jahr gesperrt, weil er angeblich versucht hatte, einen Gegner mit zehn Pfund zu bestechen. Dies war der erste große Skandal im Fußball.

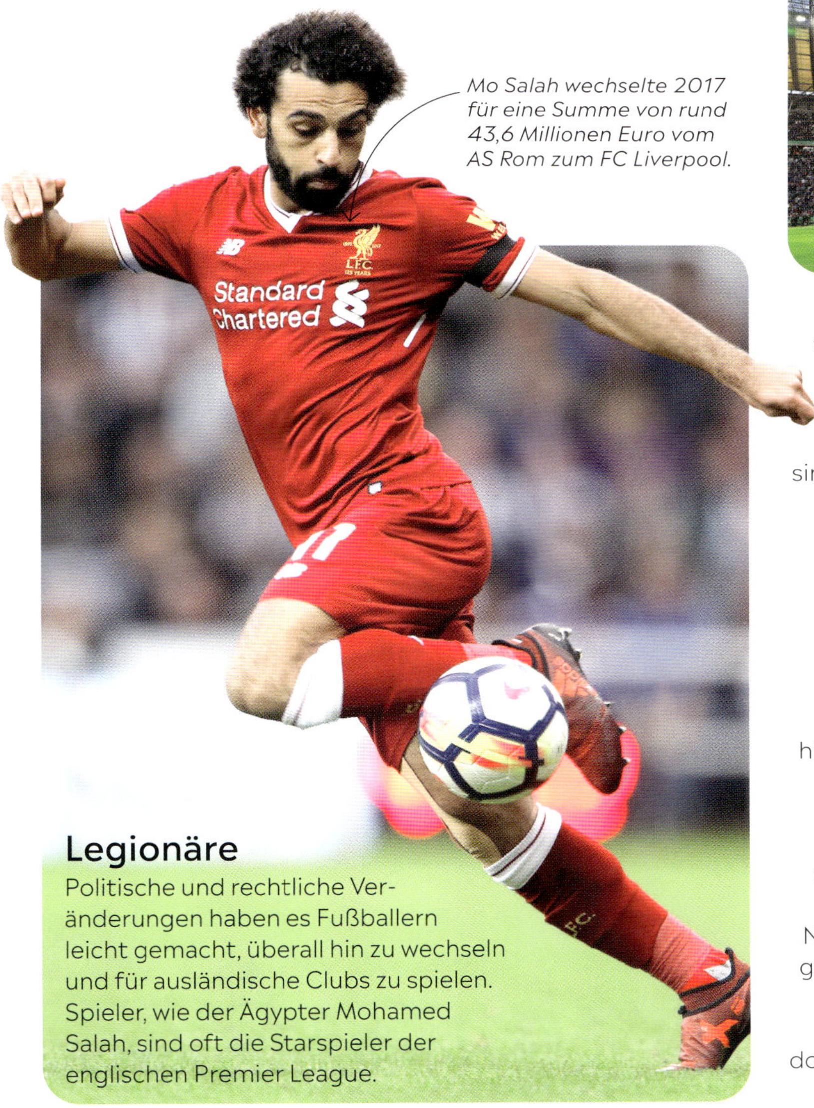

Mo Salah wechselte 2017 für eine Summe von rund 43,6 Millionen Euro vom AS Rom zum FC Liverpool.

Legionäre

Politische und rechtliche Veränderungen haben es Fußballern leicht gemacht, überall hin zu wechseln und für ausländische Clubs zu spielen. Spieler, wie der Ägypter Mohamed Salah, sind oft die Starspieler der englischen Premier League.

Werbebanden

Werbung in und um Fußballstadien war schon lange vor dem Trikotsponsoring erlaubt. In den 1950er-Jahren nutzten dies vor allem lokale Unternehmen, heute werben multinationale Konzerne. Die Werbebanden der Spitzenvereine sind inzwischen elektronisch und rotieren, um mehr Sponsoren die Möglichkeit zu geben, den begrenzten Platz zu nutzen.

Unter Stress

Moderne Trainer müssen akzeptieren, dass jede Entscheidung von den Medien hinterfragt wird. In den großen Ligen wird von den Trainern erwartet, dass sie innerhalb weniger Monate eine erfolgreiche Mannschaft aufstellen. Der ehemalige englische Nationalspieler Wayne Rooney gewann 2020 sein erstes Spiel als Spielertrainer von Derby County mit 2:1 und fungierte dort bis 2022 als Vollzeittrainer.

Spielertrikots

Der Trikotverkauf ist eine wichtige Einnahmequelle für Clubs wie Manchester United (unten). Mindestens drei Trikotvarianten sind gleichzeitig erhältlich. Die Clubs stellen verschiedenste Produkte her – von Kalendern bis zu Babykleidung. Durch diese Mehreinnahmen ist die Abhängigkeit von Eintrittsgeldern nicht mehr so entscheidend.

Europa gegen Südamerika

Der Weltpokal wurde ursprünglich als Heim- und Auswärtsspiel zwischen der besten Mannschaft Europas und der besten Mannschaft Südamerikas ausgetragen. Ab 1980 wurde nur noch ein einziges Spiel jeweils in Tokio absolviert. 2005 wurde der Pokal in FIFA-Klub-Weltmeisterschaft umbenannt.

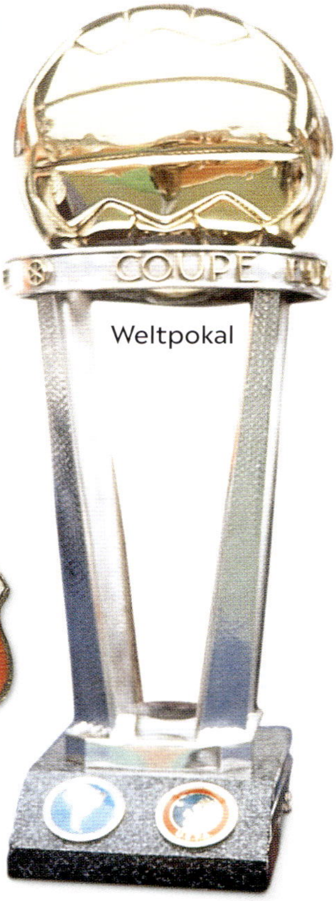

Weltpokal

Medienmogul

Der Medienmogul und ehemalige italienische Ministerpräsident Silvio Berlusconi kaufte 1986 den italienischen AC Mailand. Er maximierte die kommerziellen Erlöse und zog viele Stars aus dem Ausland an, bevor er den Verein 2016 verkaufte.

EINBLICK

Kylian Mbappé
Der Franzose wechselte 2017 für eine Rekordsumme von 207 Millionen Euro zu Paris Saint-Germain. Sein Vertrag läuft bis 2025. Er ist der bestbezahlte Spieler der Welt und verdient angeblich eine Million Euro pro Woche.

Trikotwerbung

Seit den 1970er-Jahren machen Unternehmen Werbung auf Trikots. Der FC Barcelona ging erstmals 2010 eine kommerzielle Beziehung ein, die zu einem Sponsoring von Qatar Airways führte, das bis 2017 andauerte. 2022 unterzeichneten sie einen Sponsorenvertrag mit dem Musik-Streaming-Dienst Spotify.

Fußball und Wissenschaft

Lange Zeit war der Fußball kein Gegenstand wissenschaftlicher Untersuchungen. Trainer und Spieler mussten sich auf Erfahrungswerte verlassen. Mittlerweile optimieren Ernährungswissenschaftler das Essverhalten der Spieler, Physiker untersuchen das Flugverhalten des Balls und IT-Spezialisten werten Spielstatistiken aus. Neue Technologien haben den Fußball verändert und Sportwissenschaft und -psychologie wirken sich stark auf die Mannschaftsleistung aus.

Muskeltraining

Früher bestand das Training aus ein paar Runden um den Platz. Der Fortschritt in der medizinischen Wissenschaft führt mittlerweile zu hochspezialisierten Trainingsplänen. Die Spieler wärmen sich auf und laufen aus, um Zerrungen zu vermeiden, und trainieren gezielt Muskelgruppen, um Belastungen besser steuern zu können.

Isotonische Getränke

Fußballer verlieren während eines Spiels bis zu drei Liter Flüssigkeit. Daher ist es wichtig, dass sie ihrem Körper während und nach dem Spiel Wasser und wichtige Nährstoffe zuführen. Isotonische Getränke enthalten geringe Mengen an Salzen und Zucker und helfen sehr effektiv.

Kraft und Ausdauer

Elitespieler absolvieren strenge Trainingsprogramme. Jeder Spieler kann einen individuellen Entwicklungsplan mit Fitnesszielen haben, die ihm helfen, seine Leistung zu verbessern und seine Ausdauer zu steigern.

Asisat Oshoala vom FC Barcelona

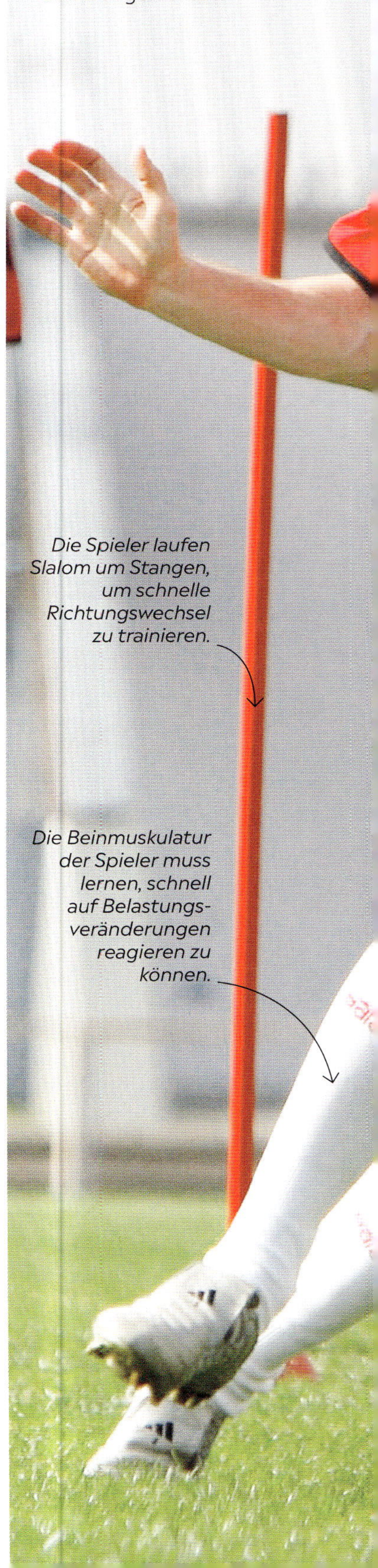

Fitnesszustand

Die deutsche Nationalmannschaft wurde vor der WM 2006 auf Herz und Nieren geprüft. In Trainingsübungen wie dieser wurde ihr Fitnesszustand analysiert und ausgewertet.

Die Spieler laufen Slalom um Stangen, um schnelle Richtungswechsel zu trainieren.

Die Beinmuskulatur der Spieler muss lernen, schnell auf Belastungsveränderungen reagieren zu können.

Digitales Auge

Hat der Ball die Linie überquert? Mit neuen Technologien, wie hochauflösenden Kameras, wird heute die Bewegung des Balls im Torraum verfolgt und die Informationen an einen Computer weitergeleitet, der dann feststellt, ob der Ball die Torlinie vollständig überquert hat.

GPS-basiertes Trackingsystem

Westen (links) und anderes Zubehör können als GPS-fähige Funktionskleidung eingesetzt werden, um die Leistung der Spieler zu überwachen. Anhand der Leistungsdaten lässt sich feststellen, wo die Spieler ihre Fitness verbessern können, z. B. in Bezug auf Geschwindigkeit, Kraft und Ausdauer.

Signalfahnen

Die Linienrichter verwenden Fahnen, um die Aufmerksamkeit des Schiedsrichters auf sich zu ziehen. Sie können einen Knopf am Fahnengriff drücken, der den Empfänger am Arm des Schiedsrichters vibrieren lässt, um ihm etwas zu signalisieren.

Wusstest du das?

SPANNENDE FAKTEN

Im Schnitt hat jeder Spieler in einem Spiel nur drei Minuten lang den Ball, also so lange, wie es dauert, ein Ei zu kochen!

1965 wurden zum ersten Mal Auswechselspieler zugelassen, allerdings nur, wenn ein Spieler verletzt war. Bei der WM 1970 wurden zum ersten Mal auch nicht verletzte Spieler gewechselt.

Luis Chilavert, Torhüter von Paraguay, eilte aus seinem Tor und erzielte 1998 gegen Argentinien ein Tor für seine Mannschaft. Der Endstand war 1:1.

1974 war der Holländer Johan Neeskens der erste Spieler, der in einem WM-Finale einen Elfmeter verschoss.

Die Mutter von Johan Cruyff war Reinigungskraft beim niederländischen Verein Ajax. Als sie darum bat, ihren zehnjährigen Sohn zu einem Probetraining einzuladen, nahm man ihn als Jugendspieler unter Vertrag. Er wurde ein internationaler Star.

Das Tornetz wurde ab 1895 verwendet. Die Querlatte wurde 1875 eingeführt.

Pelé schoss in seiner Karriere 1283 Tore.

1933 trugen die Mannschaften in einem FA-Cup-Finale das erste Mal Trikots mit Rückennummern. Everton trug die Nummern 1 bis 11, Manchester City trug die Nummern 12 bis 22.

Acht der Spieler, die 1958 mit Brasilien die WM gewannen, standen auch in der Mannschaft, die 1962 den Titel verteidigte.

Nur acht Länder sind bisher Weltmeister geworden, obwohl es 22 Turniere gab.

Der FA-Cup ist der älteste Fußballwettbewerb. Der höchste FA-Cup-Sieg wurde 1887 erzielt, als Preston North End in der ersten Runde Hyde United mit 26:0 besiegte.

Zwei Brüderpaare, John und Mel Charles sowie Len und Ivor Allchurch, spielten in der walisischen Mannschaft, die 1955 Nordirland mit 3:2 besiegte.

Uruguay ist mit nur drei Millionen Einwohnern das kleinste Land, das den WM-Titel gewinnen konnte (1930 und 1950).

Das erste Länderspiel, das von einer Mannschaft mit zwölf Spielern bestritten wurde, fand 1952 zwischen Frankreich und Nordirland statt. Einer der französischen Spieler verletzte sich und wurde ausgewechselt, spielte aber nach der Behandlung weiter, was bis zur Halbzeit niemand bemerkte.

Son Heung-min spielt für Tottenham Hotspur aus London.

Die Hälfte der weltweit registrierten Fußballspieler kommt aus Asien. Der südkoreanische Stürmer Son Heung-min ist einer der Stars, die in Europa spielen.

Nur sieben Vereine haben es geschafft, die englische Premier League zu gewinnen, seit sie 1992 in ihrer jetzigen Form gegründet wurde.

Manchester City mit der Premier-League-Trophäe im Jahr 2022

FRAGEN UND ANTWORTEN

Welches ist das erfolgreichste internationale Frauenteam?

Die USA, die die WM-Turniere 1991, 1999, 2015 und 2019 gewannen. Deutschland holte zweimal den Titel (2003, 2007) und war 2011 Gastgeber der WM. Die USA wurden einmal Zweiter (2011) und holten viermal olympisches Gold (1996, 2004, 2008 und 2012).

Warum wurde die erste Weltmeisterschaft in Uruguay ausgetragen?

Die anderen Bewerber (Ungarn, Italien, Spanien, die Niederlande und Schweden) zogen ihre Bewerbungen zurück.

Wann gab es erstmals Flutlicht?

1878 kam an der Bramall Lane im englischen Sheffield erstmals Flutlicht zum Einsatz. Die Lampen hingen an Holzgerüsten und wurden mit Dynamos betrieben.

Wie viele Frauen spielen in Deutschland Fußball?

2023 zählte der DFB 1,17 Millionen weibliche Mitglieder. Die deutsche Fußballnationalmannschaft der Frauen gehört mit zwei Weltmeistertiteln und acht gewonnenen Europameisterschaften zu den erfolgreichsten Nationalteams der Welt.

Waren Fußbälle früher schwerer als heute?

Moderner Fußball

Irrtümlicherweise wird behauptet, Fußbälle wären früher schwerer als heute gewesen. Richtig ist: Sie hatten praktisch das gleiche Gewicht, doch die Hülle heutiger Fußbälle saugt keine Feuchtigkeit auf. 1937 wurde festgelegt, dass das Gewicht des Balls 410–450 g betragen muss. Vor dieser Neuerung nahmen Fußbälle Wasser auf und an feuchten Tagen konnte der Ball doppelt so schwer werden – und bis zu 1 kg wiegen.

Welches Land war das erste, das bei einer Weltmeisterschaft im Elfmeterschießen ausschied?

Das Elfmeterschießen wurde bei der WM 1982 eingeführt. Deutschland besiegte Frankreich.

Alexandra Popp (Deutschland)

Wer spielt bei den Olympischen Spielen Fußball?

Die Frauennationalmannschaften spielen bei den Olympischen Spielen, bei den Männern sind es nur die U23-Nationalmannschaften.

Stimmt es, dass im Ersten Weltkrieg zu Weihnachten 1914 ein Fußballspiel an der Front ausgetragen wurde?

In einem in der Londoner *Times* veröffentlichten Brief erklärt ein deutscher Leutnant, zu Weihnachten 1914 sei im Rahmen des kurzzeitigen Waffenstillstands im Niemandsland zwischen den deutschen und britischen Schützengräben an der französischen Nordwestfront ein Fußballspiel ausgetragen worden, das die Deutschen 3:2 gewonnen hätten. Allerdings lässt sich der Wahrheitsgehalt dieser schönen Geschichte heute nicht mehr überprüfen. Der Film *Merry Christmas* beruht auf diesen Ereignissen.

BBC-Radio-Mikrofon

REKORDHALTER

- Brasilien ist das einzige Land, das alle Weltmeisterschafts-Endrunden erreichen konnte.
- Der älteste Fußballclub der Welt, der heute noch existiert, ist der FC Sheffield. Der Verein wurde 1857 gegründet.
- Lew Jaschin (Russland) ist der einzige Torhüter, der zu Europas Fußballer des Jahres gekürt wurde.
- 1999 schrieb Manchester United Geschichte, als es als erste Mannschaft das Triple aus Meisterschaft, FA Cup und Champions League gewann.
- Real Madrid hat die Champions League 14 Mal gewonnen, mehr als jede andere Mannschaft.
- Im Alter von 15 Jahren und 181 Tagen wurde Ethan Nwaneri von Arsenal London 2022 in einem Ligaspiel eingewechselt und war somit der jüngste Spieler, der jemals in der Premier League gespielt hat.

Ethan Nwaneri spielt für Arsenal London.

Superstars

Fußball ist ein temporeiches Spiel mit vielen herausragenden Spielern. Bei internationalen Turnieren wie der FIFA-Fußball-WM stehen die Spieler aufgrund der umfangreichen Medienberichterstattung im Rampenlicht. Auch Schiedsrichter können sich einen weltweiten Ruf erarbeiten. Auf diesen Seiten sind einige der besten Spielerinnen und Spieler aufgelistet.

Pierluigi Collina, italienischer Schiedsrichter

TORHÜTER

Peter Schmeichel, Dänemark, geb. 18.11.63 Schmeichel wechselte 1991 zu Manchester United, wo er fünf Ligatitel und zwei FA-Cups gewann. Bei seinem Markenzeichen, dem „Hampelmann", lief Schmeichel aus seinem Tor, breitete seine Arme und Beine weit aus und sprang auf den Stürmer zu.

Gianluigi Buffon, Italien, geb. 28.1.78 Buffon, der 2006 mit Italien den WM-Titel gewann, wurde 2001 zum teuersten Torwart der Welt, als Juventus Turin dem AC Parma 37,6 Millionen Euro bezahlte.

Iker Casillas, Spanien, geb. 20.5.81 Casillas gab 1999 im Alter von 17 Jahren sein Debüt für Real Madrid und blieb dort bis 2015. Er war Kapitän der spanischen Nationalmannschaft beim WM-Sieg 2010 und den Erfolgen bei der Europameisterschaft 2008 und 2012.

Iker Casillas

Jan Oblak, Slowenien, geb. 7.1.93 Oblak zählt zu den besten Torhütern der Welt. Mit Atletico Madrid hält er den Rekord für die wenigsten Gegentore in einer Saison (18 Tore in 35 Spielen).

Ederson Moraes, Brasilien, geb. 17.8.93 Ederson begann seine Karriere 2015 bei Benfica Lissabon. Er wurde für seine hervorragende Ballkontrolle und seine Reflexe bekannt und wechselte 2017 zu Manchester City.

VERTEIDIGER

Paolo Maldini

Paolo Maldini, Italien, geb. 26.6.68 Der offensive Außenverteidiger war Kapitän des AC Mailand und Italiens und spielte über 120 Mal für sein Land.

Marcel Desailly, Frankreich, geb. 7.9.68 Der gebürtige Ghanaer zog als Kind nach Frankreich. 1993 und 1994 gewann er mit Marseille und anschließend mit dem AC Mailand die Champions League. Desailly spielte eine wichtige Rolle in der französischen Nationalmannschaft, als diese die WM 1998 und die EM 2000 gewann.

Roberto Carlos da Silva, Brasilien, geb. 10.4.73 Roberto Carlos, der für seine wilden Freistöße bekannt war, kam nach der WM 1994 in die brasilianische Nationalmannschaft. Er wurde 1998 Vizeweltmeister und holte 2002 den Titel. 1996 wechselte er zu Real Madrid und gewann gleich in seiner ersten Saison die spanische Liga.

Fabio Cannavaro, Italien, geb. 13.9.73 Der eher kleine, aber hartnäckige Verteidiger führte Italien als Kapitän zum WM-Titel 2006 und wurde im selben Jahr als erster Verteidiger zum FIFA-Weltfußballer des Jahres gewählt.

Sergio Ramos, Spanien, geb. 30.3.86 Der Weltmeister von 2010 und zweifache Europameister Ramos vom FC Sevilla war von 2005 bis 2023 für Spanien im Einsatz.

Virgil Van Dijk, Niederlande, geb. 8.7.91 Van Dijk ist einer der besten Innenverteidiger der Welt. Sowohl für den FC Liverpool als auch für die Niederlande hat er seine physische wie mentale Stärke und seine Fähigkeiten im Kopfballspiel unter Beweis gestellt.

Kalidou Koulibaly, Senegal, geb. 28.6.91 Koulibaly vom saudischen Club Al-Hilal Riad wurde mehrfach ausgezeichnet und machte durch seinen Einsatz gegen soziale Ungerechtigkeit und Rassismus auf sich aufmerksam. Seine größte Zeit hatte er 2014 bis 2022 beim SSC Neapel.

Leah Williamson, England, geb. 29.3.97 Leah Williamson, Kapitänin der englischen Frauen-Nationalmannschaft, ist eine vielseitige Verteidigerin. Ihr hervorragendes Passspiel und ihre Fähigkeit, mit Druck umzugehen, trugen zum Sieg der englischen Frauen bei der EM 2022 bei.

Leah Williamson

MITTELFELDSPIELER

Luis Filipe Madeira Caeiro Figo, Portugal, geb. 4.11.72
Figo wurde 1989 U16-Europameister und 1991 U-20-Weltmeister. Mit Sporting Lissabon gewann er 1995 den portugiesischen Pokal, wechselte dann nach Barcelona, wo er 1998 als Kapitän die spanische Meisterschaft gewann, bevor er zu Real Madrid wechselte.

Andrea Pirlo

Andrea Pirlo, Italien, geb. 19.5.79
Als einer der größten Spielmacher seiner Zeit war Pirlo auf nationaler und internationaler Ebene erfolgreich. Mit dem AC Mailand gewann er zweimal die Champions League und mit Italien 2006 den WM-Titel.

Andrés Iniesta, Spanien, geb. 11.5.84
Andrés Iniesta entstammt der berühmten Jugendakademie des FC Barcelona. Der offensive Mittelfeldspieler mit dem präzisen Passspiel, seiner Schusstechnik und Torgefahr gewann mit Barcelona viermal die Champions League und wurde zweimal Europameister und einmal Weltmeister.

Luka Modric, Kroatien, geb. 9.9.85
Der Kapitän der Nationalmannschaft gilt als der beste Fußballer Kroatiens aller Zeiten. Der Mittelfeldspieler von Real Madrid wurde 2018 mit dem Ballon d'Or ausgezeichnet.

Kevin De Bruyne, Belgien, geb. 28.6.91
De Bruyne, der von Experten als kompletter Fußballer beschrieben wird, hat mehr als 90 Länderspiele für Belgien bestritten und gewann mit Manchester City fünf Premier-League-Titel und 2023 die Champions League.

N'golo Kante, Frankreich, geb. 29.3.91
Kante ist als einer der besten defensiven Mittelfeldspieler bekannt. Er ist der erste Feldspieler, der mit Leicester City (2016) und Chelsea (2017) zwei Meistertitel mit zwei Clubs in Folge gewinnen konnte.

Lieke Martens, Niederlande, geb. 16.12.92
Die Mittelfeldspielerin ist eine der kompletttesten und technisch versiertesten Spielerinnen im Frauenfußball. Sie läuft für den französischen Verein Paris Saint-Germain auf.

Pablo Martín Páez Gavira, Spanien, geb. 5.8.04
Der spanische Mittelfeldspieler, auch Gavi genannt, ist ein technisch begabter Spieler, der im Alter von elf Jahren in die Akademie des FC Barcelona kam. Mit 17 Jahren gab er 2021 sein Debüt in der spanischen A-Nationalmannschaft.

Gavi

STÜRMER

Roberto Baggio, Italien, geb. 18.2.67
Als begnadeter Torjäger schoss Baggio Juventus Turin zum Gewinn des UEFA-Pokals 1993 und zum Meistertitel 1995. Von der FIFA wurde er zum Weltfußballer des Jahres und zu Europas Fußballer des Jahres 1993 gewählt.

Marco van Basten, Niederlande, geb. 31.10.64
Die Tormaschine van Basten gewann dreimal den Ballon d'Or, holte mit Mailand zweimal den Europacup und führte die Niederlande zum EM-Titel 1988. Eine Knöchelverletzung beendete im Alter von 28 Jahren seine Karriere.

Marta

Ronaldo Luis Nazario, Brasilien, geb. 22.9.76
Ronaldo schoss sein erstes Tor für Brasilien mit 16 Jahren. Mit seiner Schnelligkeit und seinem Können stellte der Instinktstürmer jede Abwehr vor Probleme. Er wurde 1996, 1997 und 2002 zum Weltfußballer des Jahres gewählt.

Thierry Henry, Frankreich, geb. 17.8.77
Ein Stürmer mit unglaublichem Tempo, Ballbeherrschung und Torriecher. Henry war der beste Torschütze Frankreichs bei der WM 1998.

Birgit Prinz, Deutschland, geb. 25.10.77
Prinz war dreimal FIFA-Weltfußballerin des Jahres. Sie gewann für Deutschland zwei Mal die WM und fünf Mal die EM in Folge.

Marta, Brasilien, geb. 19.2.86
Marta gilt als größte Spielerin aller Zeiten und wurde sechsmal FIFA-Weltfußballerin des Jahres.

Harry Kane, England, geb. 28.7.93
Der englische Stürmer Harry Kane von Bayern München ist mit 62 Toren in 89 Spielen in der Nationalmannschaft einer der erfolgreichsten Torjäger Englands.

Robert Lewandowski, Polen, geb. 21.8.88
Nachdem er ein Jahrzehnt lang die Bundesliga dominiert hatte, wechselte Lewandowski 2022 zum FC Barcelona. Der polnische Nationalspieler vereint die besten Eigenschaften zu einem nahezu kompletten Mittelstürmer.

Erling Haaland, Norwegen, geb. 21.7.00
Dank seiner Beweglichkeit, seiner Körperbeherrschung und Kraft sowie dank seines Torriechers wurde er bei Borussia Dortmund zum Superstar und wechselte 2022 zu Manchester City.

Erling Haaland

Weltmeister

Die Fußball-WM der Männer fand erstmals 1930 statt. Das Endspiel 2018 verfolgten weltweit 1,1 Milliarden Menschen. Die Geschichte des Turniers ist voller denkwürdiger Momente und erstaunlicher Anekdoten.

TORREKORDE

Das höchste Ergebnis bei einer WM wurde 1982 erzielt, als Ungarn El Salvador mit 10:1 schlug.

Das höchste Ergebnis in einem WM-Qualifikationsspiel gab es 2001, als Australien Amerikanisch-Samoa mit 31:0 besiegte.

DIE BESTEN TORSCHÜTZEN

Miroslav Klose (Deutschland)
16 Tore 2002–2014

Ronaldo (Brasilien)
15 Tore 1994–2006

Gerd Müller (Deutschland)
14 Tore 1966–1974

Lionel Messi (Argentinien)
13 Tore 2005–heute

Just Fontaine (Frankreich)
13 Tore 1958

Pelé (Brasilien)
12 Tore 1958–1970

Jürgen Klinsmann (Deutschland)
11 Tore 1990–1998

Thomas Müller (Deutschland)
10 Tore 2010–heute

Brasiliens Ronaldo

WELTMEISTER

Lediglich acht Länder konnten bisher die WM-Trophäe gewinnen:

Brasilien	1958, 1962, 1970, 1994, 2002
Italien	1934, 1938, 1982, 2006
Deutschland	1954, 1974, 1990, 2014
Argentinien	1978, 1986, 2022
Uruguay	1930, 1950
Frankreich	1998, 2018
England	1966
Spanien	2010

Königlich
Bei der ersten WM, die 1930 in Uruguay stattfand, wurde die rumänische Mannschaft von König Karl II. selbst aufgestellt, der die Spieler von ihrer Arbeit freistellte!

Barfuß
Indien qualifizierte sich für die Fußball-WM 1950 in Brasilien, musste aber absagen, da die FIFA es nicht zuließ, dass sie barfuß spielten.

Ausgeknockt
Bei der WM 1958 erzielte der brasilianische Spieler Vava ein Tor gegen die Sowjetunion. Seine Mannschaftskameraden stürmten so begeistert auf ihn zu, dass er bewusstlos wurde!

Ältester Spieler
Ägyptens Essam El-Hadary war bei der WM 2018 45 Jahre alt.

Jüngster Spieler
Der Brasilianer Edú war bei der WM 1966 16 Jahre und 11 Monate alt.

SCHNELLSTE ERZIELTE TORE

Hakan Sukur	(TÜRKEI) – SÜDKOREA 2002	11 Sekunden
Vaclav Masek	(TSCHECHOSLOWAKEI) – MEXIKO 1962	15 Sekunden
Ernst Lehner	(DEUTSCHLAND) – ÖSTERREICH 1934	25 Sekunden
Bryan Robson	(ENGLAND) – FRANKREICH 1982	28 Sekunden
Clint Dempsey	(USA) – GHANA 2014	29 Sekunden

POKALGESCHICHTEN

NEUER POKAL

- Der heutige WM-Pokal wurde erstmals 1974 vergeben. Name und Jahr jedes Weltmeisters sind unten am Sockel eingraviert. 2038 wird eine neue Trophäe benötigt, da der Platz für neue Namen dann nicht mehr ausreichen wird.
- Die Trophäe ist aus 18-karätigem Gold gefertigt! Sie ist 36,5 cm hoch und wiegt 6,175 kg.

ALTER POKAL

- Die erste Trophäe trug den Namen Jules-Rimet-Pokal zu Ehren des FIFA-Präsidenten von 1921 bis 1954. Der Franzose hatte 1930 die erste WM organisiert.
- Der Jules-Rimet-Pokal wurde zweimal gestohlen, das erste Mal 1966 in England. Ein Hund namens Pickles spürte ihn jedoch wieder auf. 1983 wurde er in Rio de Janeiro erneut gestohlen und nie wieder gefunden.

STADIEN

- Das erste Endspiel der WM 1930 in Uruguay wurde im Estadio Centenario in Montevideo ausgetragen. Es hatte ein Fassungsvermögen von knapp 100 000 Zuschauern, darunter viele Stehplätze.
- Das Finale der WM 2014 fand im Estádio do Maracanã in Rio de Janeiro statt. Das Maracanã ist eines der bekanntesten Stadien des Weltfußballs und wurde für die Weltmeisterschaft 1950 gebaut. Angeblich bot es einst rund 200 000 Zuschauern Platz, seine aktuelle Kapazität liegt jedoch bei 78 000.
- Die Fußballweltmeisterschaft 2018 wurde in zwölf Stadien in ganz Russland ausgetragen, von St. Petersburg im Norden des Landes bis in Sotschi, 2350 km weiter südlich.
- Die WM 2022 in Katar wurde in acht Stadien ausgetragen, die jeweils mehr als 40 000 Zuschauer fassen. Das Finale wurde vor 80 000 Zuschauern im Lusail-Stadion (unten) in der Nähe von Doha ausgetragen.

Italien gewinnt die WM 2006.

Elfmeterschießen
Italien gewann das Finale 2006 im Elfmeterschießen gegen Frankreich 5:3. Bis heute gingen nur drei Endspiele ins Elfmeterschießen: 1994, 2006 und 2022.

Weltweites Publikum

Die Fußball-WM sorgt für die größten Einschaltquoten aller im Fernsehen übertragenen Events und wird in Stadien und auf öffentlichen Plätzen, zu Hause und sogar auf Smartphones verfolgt. Die Fußball-WM 2018 in Russland wurde in allen Ländern der Welt übertragen, das Finale wurde schätzungsweise von 1,1 Milliarden Zuschauern gesehen.

Fußball**nationen**

Das „schöne Spiel“ wird überall auf der Welt auf Straßen, Plätzen, Stränden und in Parks gespielt. Die begabtesten Spieler nehmen mit ihren Nationalmannschaften an großen Turnieren teil.

ARGENTINIEN

ASOCIACIÓN DEL FUTBOL ARGENTINO: gegründet 1893
SPITZNAMEN: Frauen- und Männerteams – *Albicelestes* (Die Weiß-Himmelblauen)
TOPTORJÄGER: Lionel Messi 106 (2005–heute)
MEISTE EINSÄTZE: Lionel Messi 180 (2005–heute)
ERFOLGE: Weltmeister – 1978, 1986, 2022; Copa América – 1921, 1925, 1927, 1929, 1937, 1941, 1945, 1946, 1947, 1955, 1957, 1959 (round-robin league tournaments), 1991 (round-robin), 1993, 2021; CONMEBOL – 1993, 2021; Olympisches Gold – 2004, 2008

AUSTRALIEN

FOOTBALL AUSTRALIA: gegründet 1961
SPITZNAMEN: Männer – *Socceroos*; Frauen – The Matildas
TOPTORJÄGER: Männer – Tim Cahill 50 (2004–heute); Frauen – Sam Kerr 59 (2000–heute)
MEISTE EINSÄTZE: Männer – Mark Schwarzer 109 (1993–2013); Frauen – Clare Polkinghorne 163 (2006-–heute)
ERFOLGE: Ozeanienmeisterschaft – 1980, 1996, 2000, 2004; Asienmeisterschaft –2015; Ozeanienmeisterschaft (Frauen) – 1994, 1998, 2003; Südostasienmeisterschaft (Frauen) – 2008; Asienmeisterschaft (Frauen) – 2010

BRASILIEN

CONFEDERAÇÃO BRASILEIRA DE FUTEBOL: gegründet 1914
SPITZNAMEN: Männer – *A Seleção* (Auswahl), *Canarinho* (Kleiner Kanarienvogel); Frauen – *Seleção* (Auswahl), *As Canarinhas* (Die weiblichen Kanarienvögel)
TOPTORJÄGER: Männer – Neymar 79 (2010–heute); Frauen – Marta 115 (2003–heute)
MEISTE EINSÄTZE: Männer – Cafu 142 (1990–2006); Frauen – Formiga 206 (1995–2021)
ERFOLGE: Weltmeister – 1958, 1962, 1970, 1994, 2002; Copa América – 1919, 1922, 1949, 1989, 1997, 1999, 2004, 2007, 2019; Copa América der Frauen – 1991, 1995, 1998, 2006, 2010, 2014, 2018

ENGLAND

FOOTBALL ASSOCIATION: gegründet 1863
SPITZNAMEN: Männer – *The Three Lions* (Drei Löwen); Frauen – *The Lionesses* (Die Löwinnen)
TOPTORJÄGER: Männer – Harry Kane 62 (2015–heute); Frauen – Ellen White 52 (2010–2022)
MEISTE EINSÄTZE: Männer – Peter Shilton 125 (1970–1990); Frauen – Fara Williams 172 (2001–2019)
ERFOLGE: Weltmeister – 1966; Europameister (Frauen) – 2022, 2025

FRANKREICH

FÉDÉRATION FRANÇAISE DE FOOTBALL: gegründet 1919
SPITZNAMEN: Männer – *Les Bleus (Die Blauen)*; *Frauen – Les Bleuses* (Die Blauen)
TOPTORJÄGER: Männer – Olivier Giroud 56 (2011–heute); Frauen – Eugenie Le Sommer 86 (2009–heute)
MEISTE EINSÄTZE: Männer – Hugo Lloris 145 (2008–2022); Frauen – Sandrine Soubeyrand 198 (1997–2013)
ERFOLGE: Weltmeister – 1998, 2018; Europameister – 1984, 2000; Olympisches Gold – 1984; FIFA-Konföderationen-Pokal – 2001, 2003

DEUTSCHLAND

DEUTSCHER FUSSBALL-BUND: gegründet 1900
SPITZNAMEN: Männer – *Die Mannschaft*; Frauen – DFB *Frauenteam*
TOPTORJÄGER: Männer – Miroslav Klose 71 (2001–2014); Frauen – Birgit Prinz 128 (1994–2011)
MEISTE EINSÄTZE: Männer – Lothar Matthäus 150 (1980–2000); Frauen – Birgit Prinz 214 (1994–2011)
ERFOLGE: Weltmeister – 1954, 1974, 1990, 2014; Europameister – 1972, 1980, 1996; Olympisches Gold – 1976; Weltmeister (Frauen) 2003, 2007; Europameister (Frauen) – 1989, 1991, 1995, 1997, 2011, 2005, 2009, 2013

ITALIEN

FEDERAZIONE ITALIANA GIUOCO CALCIO: gegründet 1898
SPITZNAMEN: Männer – *Azzurri* (Die Azurblauen); Frauen – *Le Azzure* (Die Azurblauen)
TOPTORJÄGER: Männer – Luigi Riva 35 (1965–1974); Frauen – Elisabetta Vignotto 107 (1970–1989), Patrizia Panaco 107 (1996–2014)
MEISTE EINSÄTZE: Männer – Gianluigi Buffon 176 (1997–2018); Frauen – Patrizia Panaco 196 (1996–2014)
ERFOLGE: Weltmeister – 1934, 1938, 1982, 2006; Europameister – 1968, 2020; Olympisches Gold – 1936

ELFENBEINKÜSTE

FÉDÉRATION IVOIRIENNE DE FOOTBALL: gegründet 1960
SPITZNAMEN: *Les Elephants* (Die Elefanten)
TOPTORJÄGER: Didier Drogba 65 (2002–2014)
MEISTE EINSÄTZE: Didier Zokora 123 (2000–2014)
ERFOLGE: Afrika-Cup – 1992, 2015

JAPAN

JAPAN FOOTBALL FEDERATION: gegründet 1921
SPITZNAMEN: Männer – *Blaue Samurai*; Frauen – *Nadeshiko Japan* (Japan-Frauen)
TOPTORJÄGER: Männer – Kunishige Kamamoto 80 (1964–1977); Frauen – Homare Sawa 83 (1993–2015)
MEISTE EINSÄTZE: Männer – Yasuhito Endo 152 (2002–2015); Frauen – Homare Sawa 205 (1993–2015)
ERFOLGE: Asienmeisterschaft – 1992, 2000, 2004, 2011; Asienmeisterschaft (Frauen) – 2014, 2018

SÜDKOREA

KOREA FOOTBALL ASSOCIATION: gegründet 1928
SPITZNAMEN: Männer – *Taegeuk Warriors* (Taeguk-Krieger); Frauen – *Taegeuk Ladies* (Taegeuk-Frauen)
TOPTORJÄGER: Männer – Cha Bum-kun 58 (1972–1986); Frauen – Ji So-yun 61 (2006–heute)
MEISTE EINSÄTZE: Männer – Hong Myung-Bo 136 (1990–2002), Cha Bum-Kun 136 (1972–1986); Frauen – Ji So-yun 154 (2007–heute)
ERFOLGE: Asienmeisterschaft – 1956, 1960

MEXIKO

FEDERACIÓN MEXICANA DE FÚTBOL ASOCIACIÓN: gegründet 1927 **SPITZNAMEN:** Männer – *El Tri* (Die Trikolore); Frauen – *La Tri* (Die Trikolore)
TOPTORJÄGER: Männer – Javier Hernandez 52 (2009–heute); Frauen – Maribel Dominguez 82 (1998 –2016)
MEISTE EINSÄTZE: Männer – Andrés Guardado 179 (2005–2022); Frauen – Maribel Dominguez 116 (1998–2016)
ERFOLGE: CONCACAF Gold Cup – 1965, 1971, 1977, 1993, 1996, 1998, 2003, 2009, 2011, 2015, 2019; FIFA-Konföderationen-Pokal – 1999; Olympisches Gold – 2012

NIEDERLANDE

KONINKLIJKE NEDERLANDSE VOETBAL BOND: gegründet 1889
SPITZNAMEN: Männer und Frauen – *Oranje* (Die Orangenen)
TOPTORJÄGER: Männer – Robin van Persie 50 (2005–2017); Frauen – Vivianne Miedema 94 (2013–heute)
MEISTE EINSÄTZE: Männer – Wesley Sneijder 134 (2003–2018); Frauen – Sherida Spitse 206 (2006–heute)
ERFOLGE: Europameister – 1988

SÜDAFRIKA

SOUTH AFRICAN FOOTBALL ASSOCIATION: gegründet 1991
SPITZNAMEN: Männer – *Bafana Bafana* (Die Jungs); Frauen – *Banyana Banyana* (Die Mädchen)
TOPTORJÄGER: Männer – Benni McCarthy 31 (1997–2012); Frauen – Portia Modise 101 (2000–2015)
MEISTE EINSÄTZE: Männer – Aaron Mokoena 107 (1999–2010); Frauen – Janine van Wyk 183 (2005–heute)
ERFOLGE: Afrika-Cup – 1996

SPANIEN

REAL FEDERACIÓN ESPAÑOLA DE FÚTBOL: gegründet 1913
SPITZNAMEN: Männer – *La Furia Roja* (Die rote Furie); Frauen – *La Roja* (Die Rote)
Toptorjäger: Männer – David Villa 59 (2005–2017); Frauen – Jennifer Hermoso 45 (2011–heute)
MEISTE EINSÄTZE: Männer – Sergio Ramos 180 (2005–2021); Frauen – Alexia Putellas 113 (2013–heute)
ERFOLGE: Weltmeister – 2010; Europameister – 1964, 2008, 2012, 2024; Olympische Goldmedaille – 1992; Weltmeister (Frauen) – 2023

URUGUAY

ASOCIACIÓN URUGUAYA DE FÚTBOL: gegründet 1900
SPITZNAMEN: Männer – *La Celeste* (Die Himmelblauen); Frauen – *Las Celestas* (Die Himmelblauen)
TOPTORJÄGER: Männer – Luis Suárez 68 (2007–heute); Frauen – Angélica Souza 4 (2003–2006)
MEISTE EINSÄTZE: Männer – Diego Godín 162 (2005–2022); Frauen – Aída Camaño 12 (2003–heute)
ERFOLGE: Weltmeister – 1930, 1950; Copa América –1916, 1917, 1920, 1923, 1924, 1926, 1935, 1942, 1956, 1959, 1967, 1983, 1987, 1995, 2011; Olympisches Gold – 1924, 1928

USA

UNITED STATES SOCCER FEDERATION: gegründet 1913
SPITZNAMEN: Männer – *Stars and stripes* (Sterne und Streifen), USMNT; Frauen – Stars and stripes (Sterne und Streifen), USWNT
TOPTORJÄGER: Männer – Landon Donovan 57 (2000–2014), Clint Dempsey 57 (2004–2017); Frauen – Abby Wambach 184 (2001–2015)
MEISTE EINSÄTZE: Männer – Cobi Jones 164 (1992–2004); Frauen – Kristine Lilly 354 (1987–2010)
ERFOLGE: Weltmeister (Frauen) – 1991, 1999, 2015, 2019; CONCACAF W Championship (Frauen) – 1991, 1993, 1994, 2000, 2002, 2006, 2014, 2018, 2022; Olympisches Gold (Frauen) – 1996, 2004, 2008, 2012; CONCACAF Gold Cup – 1991, 2002, 2005, 2007, 2013, 2017, 2021; CONCACAF Nations League – 2019–2020

Mehr **erfahren**

Es gibt viele Möglichkeiten, sich für den Fußball zu engagieren. Man kann sich einem Verein anschließen, den man unterstützen möchte. Wenn man selbst spielen möchte, kann man einer Mannschaft beitreten und am Ligabetrieb teilnehmen. Indem man Spiele und Museen besucht und sich im Internet informiert, kann man viel über Trainer und berühmte Spieler erfahren. Je mehr man erfährt, desto mehr wird einen der Fußball in seinen Bann ziehen

INTERNETADRESSEN

- Informationen über den Deutschen Fußballbund: **www.dfb.de**
- Informationen über Frauenfußball: **www.dfb.de/frauen-nationalmannschaft**
- Informationen zur Fußball-WM: **www.fifa.com**
- Alles Wissenswerte zur Bundesliga: **www.bundesliga.com/de/bundesliga**
- Die besten Fußballersprüche kannst du hier nachlesen.: **www.swr.de/swr1/bw/programm/fussballer-zitate-100.html**

Stadionzeitung

Stadionzeitungen enthalten viele Informationen über Spiele und Teams und sind ein tolles Andenken.

Bob Bishop entdeckte als Scout von Manchester United in den 1960er- und 1970er-Jahren George Best, Sammy McIlroy und viele andere Spieler.

Talentscouts

Alle großen Clubs haben Scouts, die nach neuen Talenten Ausschau halten, von gestandenen Profis, die gekauft werden sollen, bis hin zu talentierten Jugendspielern. Herausragende junge Spieler werden zum Probetraining eingeladen und können in die Clubakademie aufgenommen werden, wo sie neben dem Training eine Ausbildung absolvieren können. Wenn alles gut klappt, durchlaufen sie die Jugendmannschaften bis hin zur ersten Mannschaft.

Unterstütze deinen Verein

Wähle einen Verein, den du unterstützen möchtest, und verfolge seine Ergebnisse. Besuch die Spiele. wenn du die Möglichkeit hast, und heb die Stadionzeitungen auf. Wenn du die Spiele verfolgst und die Spielpläne liest, wirst du deinen Verein bald gut kennen. Du lernst die Fußballregeln kennen und entwickelst deine eigenen Ideen zur Mannschaftstaktik.

Italienische Fans feuern ihre Mannschaft an.

Im Verein spielen

Wenn du dich für Fußball interessierst, kannst du dich einer Schülermannschaft oder einem Verein anschließen. Du wirst schnell herausfinden, ob du in der Abwehr, im Mittelfeld, im Angriff oder im Tor spielen möchtest. Die Trainer helfen dir, deine Technik zu verbessern, z. B. Zweikampfverhalten, Dribbling und Passspiel. Training und Übungsspiele machen dich fit und sorgen für die nötige Ausdauer.

Jhoneiker Abreu aus Peru am Ball

Fußball für alle

Fußball ist ein Spiel, das jeder spielen kann, überall und zu jeder Zeit. Weltweit ermöglichen Institutionen jedem, beim Fußballspielen fantastische Erfahrungen zu machen, sei es auf lokaler oder internationaler Ebene, unabhängig von Behinderung, Alter, Geschlecht, Herkunft, Sexualität, Religion oder Talent.

Die Weltmeisterschaft 2018

2018 fand die WM-Endrunde in Russland statt. Es war die 21. Weltmeisterschaft und das elfte Turnier, das in einem europäischen Land stattfand. Als Gastgeber war Russland automatisch qualifiziert, gefolgt von 31 Mannschaften aus der ganzen Welt, die sich über kontinentale Qualifikationsturniere qualifiziert hatten. Russland schied gegen Kroatien aus, das im Finale gegen Frankreich verlor.

BESUCHE DOCH MAL ...

DEUTSCHES FUSSBALLMUSEUM (DORTMUND)
Das Deutsche Fußballmuseum zeigt in der Hall of Fame die größten Persönlichkeiten des deutschen Fußballs als beeindruckende Installation. In der Schatzkammer gibt es wertvolle Pokale zu bestaunen und zahlreiche Stationen wie Dribbelparcours oder Reporterkabine laden zum Mitmachen ein.

FC BAYERN MUSEUM (MÜNCHEN)
Neben vielen wertvollen Exponaten sind hier die aktuellsten Trophäen ein besonderer Hingucker. In der Hall of Fame werden die 18 größten Bayern-Spieler aller Zeiten gewürdigt, außerdem gibt es die lebensgroßen Figuren der aktuellen Mannschaft zu bestaunen.

ALLIANZ ARENA (MÜNCHEN)
Die Heimspielstätte von Bayern München und dem TSV 1860 München gilt als eines der modernsten Stadien Europas und kann an Nicht-Spieltagen auch besichtigt werden.

HSV MUSEUM (HAMBURG)
Das größte Fußballmuseum Deutschlands präsentiert die Geschichte des Hamburger Sportvereins, seiner Stars und Legenden. Außerdem gibt es eine exklusive Tour durch das Volksparkstadion.

THE NATIONAL FOOTBALL MUSEUM (MANCHESTER, GROSSBRITANNIEN)
Das größte Fußballmuseum der Welt beherbergt die FIFA-Museum-Collection sowie die Sammlungen der FA und der Football League. Das Museum besitzt 40 000 Objekte, eine Bibliothek mit 5000 Büchern und eine große Menge an Archivmaterial und Zeitschriften.

National Football Museum

Glossar

Aberglaube Viele Spieler sind zutiefst abergläubisch. Sie bestehen z. B. darauf, während ihrer gesamten Karriere die gleiche Rückennummer zu tragen. Der portugiesische Superstar Cristiano Ronaldo setzt immer zuerst seinen rechten Fuß auf den Rasen, wenn er das Spielfeld betritt.

Abseits Wenn ein angreifender Spieler den Ball erhält, müssen sich zwei Verteidiger einschließlich des Torwarts zwischen dem angreifenden Spieler und dem Tor befinden. Es wird nur dann Abseits gepfiffen, wenn er das Spiel beeinflusst oder sich durch seine Position einen Vorteil verschafft.

Abstoß Geht der Ball aus dem Spiel heraus über die Torlinie und wurde zuletzt von der angreifenden Mannschaft berührt, gibt es Abstoß.

Afrika-Cup Erstmals im Jahr 1957 ausgetragen. Afrikanische Nationalmannschaften kämpfen alle zwei Jahre um die Trophäe.

Anstoss Anspielen des Balls vom Spielfeldmittelpunkt, zu Beginn des Spiels, nach der Halbzeitpause oder nach einem Tor.

Anti-Rutsch-Socken Eine Art von Socken mit Noppen an der Sohle, die den Spielern in ihren Schuhen besseren Halt geben.

Aufstellung Die Positionierung der Spieler auf dem Platz. Der Trainer wählt die Aufstellung aus und kann sie während eines Spiels ändern, um auf die Stärken oder Schwächen des Gegners zu reagieren, z. B.: 4-4-2.

Champions League Seit der Saison 1992/93 ausgetragener Wettbewerb. Nachfolger des erstmals 1956 ausgetragenen Europapokal der Landesmeister.

Eine junge Spielerin dribbelt.

Schiedsrichterdress

Copa América Der Wettbewerb wurde erstmals 1910 ausgetragen. Südamerikanische Nationalmannschaften kämpfen alle zwei Jahre um die Trophäe.

Co-Trainer Führt das Training in enger Zusammenarbeit mit dem Chef-Trainer durch.

Decken In der Nähe eines Gegners bleiben, um ihn am Passen, Schießen oder an der Ballannahme zu hindern.

Derby Ein „Derby" ist ein Spiel zwischen zwei Lokalrivalen.

Direkter Freistoß Wird gegeben, wenn ein Spieler einen Gegner zu Fall bringt, schubst, anspuckt oder festhält. Der Freistoßschütze kann direkt aufs Tor schießen.

Doppelpass Ein angreifender Spieler passt den Ball zu einem Mitspieler und läuft sich frei. Der Ball wird sofort zurückgespielt, wodurch der verteidigende Spieler überspielt wird.

Dribbeln Laufen und dabei gleichzeitig den Ball unter Kontrolle halten.

Eckstoß Wird gegeben, wenn ein Spieler der verteidigenden Mannschaft den Ball über die Torlinie ins Aus gespielt hat.

Einwurf Wird der Ball vom Gegner über die Seitenauslinie gebracht, wirft die andere Mannschaft den Ball mit beiden Händen über Kopf zurück ins Spiel.

Elfmeterpunkt Die Stelle 11 m vor dem Tor, von der aus ein Strafstoß geschossen wird.

Favoritenschreck Eine Mannschaft, die eine andere Mannschaft schlägt, von der man annimmt, dass sie wesentlich stärker ist, weil sie in einer höheren Liga spielt.

FA Cup Der Wettbewerb wurde erstmals 1872 ausgetragen. Englische Mannschaften kämpfen jährlich um die Trophäe.

FIFA (Fédération internationale de football association) Der 1904 gegründete Fußball-Weltverband richtet die Weltmeisterschaft der Männer und Frauen aus.

Flanke Ein Pass von einem der beiden Flügel auf einen Stürmer in der Mitte des Spielfelds.

Flügelstürmer Ein Stürmer, der vor allem über die Außenseiten des Spielfelds angreift.

Fußballregeln Die 17 offiziellen Spielregeln der FIFA.

Gelbe Karte Der Schiedsrichter zeigt eine gelbe Karte, um einen Spieler zu verwarnen.

Goldener Ball (Ballon d'Or) Von der FIFA jährlich verliehene Auszeichnung für den weltbesten Spieler und die weltbeste Spielerin.

GPS-Tracking-Weste Eine von Spielern getragene Weste, in der sich ein Gerät zur Erfassung von Leistungsdaten befindet.

Der Ball wird zum Anstoß in die Mitte gelegt.

Handschuhe Werden von Torhütern getragen, um den Ball besser greifen zu können und ihre Hände zu schützen.

Handspiel Es ist ein Vergehen, den Ball während des Spiels mit den Händen oder Armen zu berühren.

Indirekter Freistoß Wird bei Vergehen wie z. B. unerlaubtem Rückpass, Sperren oder gefährlichem Spiel gegeben. Der Ball darf nicht direkt ins Tor geschossen werden.

Kopfball Ein Verteidiger köpft den Ball so weit wie möglich vom Tor weg. Ein Angreifer köpft den Ball bestenfalls ins Tor.

Maskottchen Eine Person, ein Tier oder eine Puppe, die als Glücksbringer für ein Team gilt.

Pfeife Wird vom Schiedsrichter verwendet, um eine Partie an- und abzupfeifen und um das Spiel bei einem Foul zu unterbrechen.

Physiotherapeut Die Person, die den Spielern hilft, sich von Verletzungen zu erholen, und die Spieler überprüft, um sicherzustellen, dass sie für ein Spiel fit sind.

Rasseln Bis in die 1960er-Jahre nahmen die Fans Rasseln mit zu den Spielen. Dann begannen sie stattdessen zu singen. Die Rasseln sind heute verboten.

Rote Karte Der Schiedsrichter zeigt einem Spieler die rote Karte, um ihm zu signalisieren, dass er das Spielfeld verlassen muss. Ein grobes Foul oder zwei verwarnungswürdige Vergehen führen zu einer roten Karte.

Eine alte Fußballsammelkarte

Ruhender Ball Eine Spieleröffnung, die nicht in Bewegung ausgeführt wird, wie z. B. ein Freistoß oder ein Eckstoß.

Schal Jedes Team hat einen Schal in seinen Farben. Die Fans tragen häufig Schal und Trikot ihrer Mannschaft, wenn sie zu den Spielen gehen.

Schiedsrichter Die Person, die dafür verantwortlich ist, dass die Spielregeln eingehalten werden.

Schiedsrichterassistenten Früher als Linienrichter bekannt. Jeder ist für eine Seite des Spielfelds zuständig. Sie signalisieren Abseits, Einwurf, Foul und Auswechslungen.

Schienbeinschoner Werden in den Socken getragen, um das Schienbein zu schützen.

Spielerberater Die Person, die im Namen eines Spielers bei Transfers oder neuen Vertragsverhandlungen mitwirkt.

Spielfeld In der Anfangszeit wurden die Spielfeldgrenzen durch eine Reihe von Fahnen markiert. Im Jahr 1902 führte der englische Fußballverband die heute gültigen Spielfeldmarkierungen ein.

Spielkleidung Trikot, Hose und Stutzen, die eine Mannschaft trägt. Die meisten Vereine haben mindestens zwei verschiedene Sets, mit Heimtrikot und Auswärtstrikot. Das Auswärtstrikot kommt zum Einsatz, wenn die Farben der beiden Heimtrikots zu ähnlich sind.

Stadionzeitung Bietet den Fans Informationen über das Gegnerteam und die Spieler der eigenen Mannschaft sowie häufig einführende Worte des Trainers oder Präsidenten.

Standardsituation Spielzüge wie Ecken oder Freistöße, bei ruhendem Ball.

Stehplätze Stufen, auf denen die Fans vor dem Aufkommen der reinen Sitzplatzstadien standen, um ein Spiel zu sehen.

Stollen Kleine, abgerundete Noppen oder Zapfen, die in die Sohle eines Fußballschuhs geschraubt werden. Der Schiedsrichterassistent prüft alle Stollen vor Spielbeginn. Auf nassem, schlammigen Boden verwenden die Spieler längere Stollen.

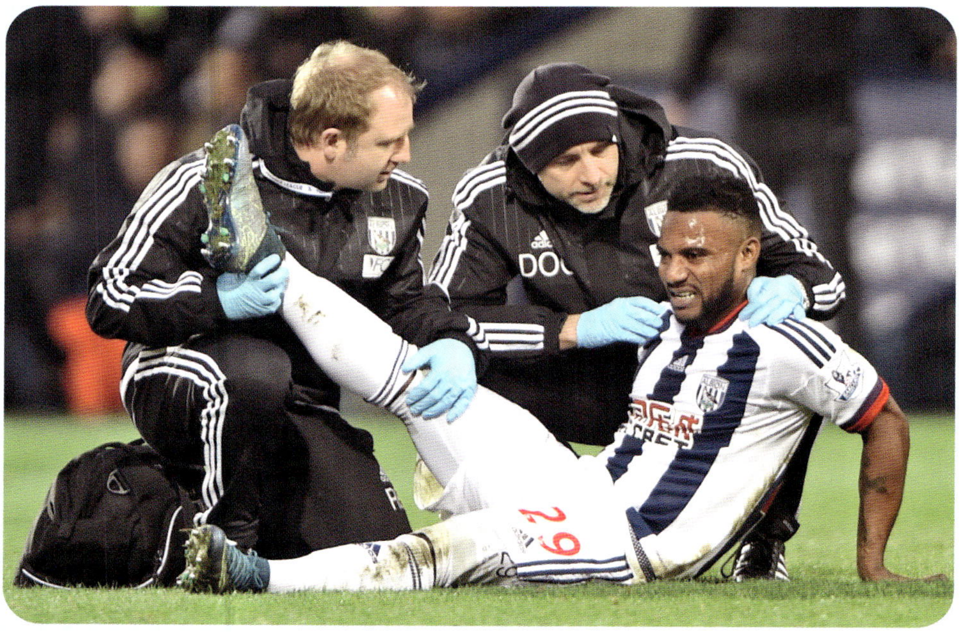

Physiotherapeuten behandeln einen verletzten Spieler.

WM-Medaille

Strafraum Ein 16,5 x 42,32 m großer Raum, der sich vor beiden Toren befindet.

Strafstoß Ein Schuss vom Elfmeterpunkt auf das Tor. Wird gegen eine Mannschaft verhängt, die ein Foul im eigenen Strafraum begeht.

Stutzen Fußlose Socken in den Vereinsfarben, die über den eigentlichen Socken getragen werden.

Tackling Einem Gegner den Ball abnehmen. Dabei darf nur der Ball getroffen werden.

Taktik Geplante Aktionen oder Spielzüge, um sich einen Vorteil gegenüber dem Gegner zu verschaffen.

Talentscout Wird von den Clubs angestellt, um nach neuen Spielern zu suchen.

Trainer Stellt die Mannschaft auf, wählt die Taktik und entscheidet, was im Training zu tun ist.

Tribüne Der Bereich, in dem die Fans rund um das Spielfeld sitzen.

UEFA Europa League Der ursprünglich als Messepokal bekannte Wettbewerb wurde erstmals 1958 ausgetragen, hieß später UEFA-Pokal und wurde in der Saison 2009/10 in UEFA Europa League umbenannt.

VAR (Video Assistant Referee) Der VAR überprüft die Entscheidungen des Schiedsrichters mithilfe von Videoreview-Technologie.

Warm-up Eine Reihe von Übungen zum Aufwärmen der Muskulatur vor Beginn eines Spiels.

Weltmeisterschaft der Frauen Erstmals 1991 ausgetragen. Frauen-Nationalmannschaften kämpfen alle vier Jahre um die Trophäe.

Weltmeisterschaft der Herren Das Turnier der Männer, das erstmals 1930 ausgetragen wurde. Die Nationalteams der Männer kämpfen alle vier Jahre um die Trophäe.

Register

Dank/Bildnachweis

Der DK Verlag dankt den folgenden Personen für ihre Hilfe bei der Erstellung des Buches: Hugh Hornby, Rob Pratten, Lynsey Jones und Mark Bushell vom National Football Museum; Aman Kumar für redaktionelle Unterstützung; Diya Varma für Unterstützung bei der Gestaltung; Neville Graham, Sue Nicholson und Susan St. Louis für die Wandtafel; Saloni Singh für den Umschlag; und Helen Iddles für das Register.

Der Verlag dankt den folgenden Personen und Organisationen für die freundliche Genehmigung zum Abdruck von Fotos:

(Abkürzungen: o = oben, u = unten, m = Mitte, l = links, r = rechts, g = ganz, Hg = Hintergrund)

Action Plus: Neil Tingle 68u. **Alamy Stock Photo:** Action Foto Sport 2r, 56ur, 62ur; Action Plus Sports Images 35um; Allstar Picture Library Ltd 13ur, 56ul; Guy Brown 23m; Brent Clark 63mlo; Dax Images 63mro; Paul Domanski 50ur; Terry Foster 22-23um; Hufton+Crow-VIEW 45mru; imageBROKER / Florian Kopp 70ul; imageBROKER / Michael Weber 56mr; Imaginechina Limited 44-45o; KGPA Ltd 8um; Lindsay Lipscombe 69ol; MatchDay Images Limited 3mu, 61mlu; Trinity Mirror / Mirrorpix 35mlu; PA Images 35or; PA Images / Joe Giddens 22-23om, 71ul; PA Images / John Walton 52ur, 61om; picturesbyrob / fc1 69ur; Eugene Sergeev 15mlu; SOPA Images Limited 57mru; nath_houghton / Stockimo 45mr; Simon Dack / Telephoto Images 60or; Nigel Waldron 63ur. **Colorsport:** 68ml. **Corbis:** Chen Shaojin / Xinhua Press 17or; Frans Lanting 65ur; Matthew Ashton / AMA / Corbis Sports 34ml; Stephane Reix / Photo & Co. 34ol; Tolga Bozoglu / Epa 62l; Visionhaus 26ul. **Depositphotos Inc:** buffaloboy2513 70mru. **Dorling Kindersley:** Football Museum, Preston / 1974 FIFA TM 48r; Football Museum, Preston / FIFA 46Hgur (1998), 49Hgml; Football Museum, Preston / Sondico 31Hgor; Football Museum, Preston 1, 2o, 2mo, 2m, 2r, 3m, 3ur, 4um, 4ul, 4ur (Nadel), 4mlo, 4mru, 4ful, 4Hgur (Ball), 4Hgur (Schuh), 4ol, 4or, 5ur, 5Hgur, 5Hgol, 5Hgor (Brasilien), 5Hgor (Italien), 5ol, 5or (Niederlande), 5or (Ungarn), 6u, 6m, 6Hgmro, 6or, 7um, 7mu, 7mru, 7l, 7or, 8m, 8mo, 8Hgor, 8l, 8or, 9ur, 9mr, 9mru, 9ml, 9Hgmlu, 9l, 9or, 10mlu, 10Hgmlu, 10ol, 10-11, 12ur, 12mu (Pfeife), 12Hgmlu, 13mr, 14mr, 15ul, 15mo, 16ol, 18ul, 18ur, 18mru, 20ul, 20or, 21ul, 21mro, 21mru, 21or, 22mlo, 22ul, 24mo, 24ur, 24Hgol, 24ul, 24or (Messing), 24or (Pumpe), 24or (Blase), 25mlo, 25ul, 25ur, 26or, 26mru, 26ur, 26ml, 27ml, 27m, 27om (Hammer), 27omr (Stollen), 27or (Nägel), 27or (Gummistollen), 27m, 27or (Schraubschlüssel), 27or (Schraubstollen), 28ul, 28ol, 29mro, 29ul, 30ol, 30ur, 30ml, 30mru, 30mu, 31um, 31mlu, 31om, 31ol, 31or, 36um, 36m, 36mu, 36ml, 36mlu, 36mro, 36Hgur, 36Hgml, 36Hgmru, 36Hgor, 36Hgmru, 36mru, 36mru (Löffel), 37ol, 37or, 37m, 37mlu, 37ul, 37Hgul, 37Hgmru, 37or, 38mlo, 38or, 38ml, 38mro, 39ml, 40u, 40mu, 40ml, 40mu, 40mro, 41mo, 41ml, 41m, 41ol, 42or, 43mo, 43mro, 43mo, 43Hgmro, 44ur, 44mro, 44ul, 46um (1986), 46ul (1978), 46ul (1982), 46ur (1990), 46ur (1994), 46m (1954), 46m (1958), 46ml (1938), 46ml (1950), 46mlu (1930), 46mlu (1934), 46mr (1962), 46fmr (1966), 46Hgmru (1970), 46Hgmru (1974), 46or, 46mro, 47ur, 47or, 48ul, 48ol, 49Hgol, 49ol, 49or, 50ml, 50mo, 50or, 51mlo, 52mro, 52m, 52mlu, 52Hgml, 52-53, 53mro, 56or, 57mlu, 71mlo; The Science Museum, London 61mru. **Dreamstime.com:** Buriy 1mu; Alexander Lebedev 12ol; Kampee Patisena 20mru; Wirestock 42-43u; Zedcreations 20mru (iPad). **Getty Images:** Adrian Dennis / AFP 43mlo; AFP / Dibyangshu Sarkar / Stringer 18mro; Denis Charlet / AFP 27ur; MLADEN ANTONOV / AFP 45ul; AFP / Paul Ellis / Staff 23ur; Paul Ellis / AFP 59m; YANN COATSALIOU / AFP 53mlo; AFP Photo / Roberto Schmidt 51mo; AFP Photo DDP / Thomas Lohnes 58mlo; Allsport / Vincent Laforet 51r; David Price / Arsenal FC 61ur; Bongarts / Alex Grimm / Staff 63ul; Christopher Pike / Bloomberg 65mr; Shaun Botterill / Getty Images Sport 64-65; Clive Brunskill 14ul; David Cannon / Allsport 51m; David Cannon / Getty Images Sport 64mu; Central Press / Hulton Archive 33mr; Marc Atkins 17l; Mark Cosgrove 10mru; Tom Dulat 14-15o; Berengui / vi / DeFodi Images 43or; DisabilityImages / Trevor Williams 4ul, 25or; Tony Duffy / Allsport 32mru; Marcelo Endelli / Stringer 38ul; Jonathan Ferrey / Staff 37ur; Mike Hewitt / FIFA 2r; Stuart Franklin / Bongarts 59um; Markus Gilliar - Pool / Bongarts 58-59; Alex Grimm / Bongarts 35mor; Richard Heathcote 49ul; Boris Horvat / AFP 13l; Hulton Archive / Allsport / Staff / Steve Powell 33l; Seth Sanchez / Corbis / Icon Sportswire 43ol; Gerard Bedeau / Onze / Icon Sport 32mHgru; Colas Buera / Pressinphoto / Icon Sport 49mru; Catherine Ivill - AMA 29ol; Jaime Lopez / Jam Media 34-35m; Jasper Juinen / Getty Images Sport 16ul; Bradley Kanaris / Stringer 16m; Keystone / Hulton Archive 33mr, 33or; Ross Kinnaird 58mlu; Christof Koepsel / Bongarts / Stringer 10-11um; David Leah 51ml; John Macdougall / AFP / 2005 FIFA TM 69mlu; Josep Lago / AFP 57ur; Harriet Lander / Copa 19r; Plumb Images / Leicester City FC 13mr; Ash Donelon / Manchester United 57o; John Peters / Manchester United 18m; Matt McNulty - Manchester City / Manchester City FC 31or, 31mru; Clive Mason 17mr; NurPhoto 2m, 16mru; Simon Holmes / NurPhoto 39ol; Raddad Jebarah / NurPhoto 38-39u; Sergio Lopez / NurPhoto 29r; Joan Valls / Urbanandsport / NurPhoto 39mro, 58um; Bob Thomas / Popperfoto 68mro; Popperfoto 32or, 33mru; Popperfoto / Contributor 17mru; Power Sport Images 34ul; Gary M. Prior 62or; Michael Regan / Staff 60u; Raul Sifuentes / Stringer 69mlo; Craig Foy - SNS Group / SNS Group 42mlo; Rico Brouwer / Soccrates Images 28ur; Simon Stacpoole / Offside 16um; The FA Collection / Danilo Di Giovanni - The FA 25om; The FA Collection / Lynne Cameron - The FA 23or; Denis Doyle - UEFA / UEFA 29mu; Michael Urban / AFP 36ul; Claudio Villa / Stringer 18ul; Visionhaus 50mru; Dave Winter 21m. **Getty Images / iStock:** LightFieldStudios 53u. **Bryan Horsnell:** 42mr **Hortweek:** 14ur. **Press Association Images:** AP Photo / Lewis Whyld 45mlo; Adam Davy / Empics Sport 62m; Empics Ltd 32mHglu; Alastair Grant / Associated Press 71or; PA Archive 35mo; Peter Robinson / Empics 47l; Peter Robinson / Empics Sport 57m; Witters 32mlu. **Rex Shutterstock:** Dean Reid / CSM 35mlo. **Shutterstock.com:** ANL 11ur.

Cover: *Vorn:* **123RF.com:** Luisa Leal ml, magraphics mlu, monkichi mro (Tafel), supot phanna mo (Handschuhe), Kunpisit Riawklang mro, venakr ul; **Dreamstime.com:** Muhammad Annurmal mo, Michael Flippo mr; **Getty Images / iStock:** Dmytro Aksonov / E+ mro (Stadion), strickke / E+ ur, ginosphotos mlo; *Hinten:* **Getty Images / iStock:** South_agency / E+ gol, OSTILL / E+ gor, tiero mlu.

SCAN MICH

Kahoot!

Im Training

Profi-Runde

Pics Challenge